SATHANIEL

PAR

Frédéric Soulié.

I

TROISIÈME VOLUME
DES ROMANS HISTORIQUES
DU LANGUEDOC.

PARIS,
Ambroise Dupont, éditeur,
7, RUE VIVIENNE.

1837.

PICCIOLA,

PAR X.-B. SAINTINE.

UN VOLUME IN-8°. — AMBROISE DUPONT, 7, RUE VIVIENNE.

Extrait du JOURNAL DES DÉBATS
du 2 novembre 1836.

Il a fallu à l'auteur de *Picciola* autant de courage que de talent pour oser entreprendre de nous raconter une histoire d'une simplicité si grande qu'on ne saurait le dire. Ce petit drame, si rempli d'intérêt et de douces larmes, se passe sous l'Empire, au moment de la plus grande puissance de Napoléon Bonaparte. Le jeune comte de Charney, fatigué de toutes choses, après avoir abusé de la science et de l'amour, s'amuse un beau soir à jouer à la conspiration : c'était un jeu comme un autre, mais un jeu terrible que ne pardonnait guère la police impériale. Cette fois seulement les conspirateurs firent pitié même à Fouché. On pouvait les faire fusiller dans la plaine de Grenelle, on se contenta de les jeter çà et là dans les cachots. Le comte de Charney fut envoyé dans la citadelle de Fénestrelles, et là, l'Empereur l'oublia comme il oublia tant d'autres conspirateurs.

Charney, dans sa prison, trouva d'abord qu'il était plus à l'aise que dans le monde : il était si fatigué de bruit, de mouvement, de philosophie, de doute! Il se reposait dans sa cellule et il se disait que maintenant c'était aux autres hommes à s'agiter autour de lui. L'enchantement dura trois mois. Bientôt Charney trouva qu'il était bien seul, et il se rappela ce mot de l'Écriture : *Væ soli!* Et remarquez qu'il était seul, sans un livre, sans une feuille de papier à noircir d'un peu d'encre ; seul avec ses pensées, et son doute qui commençait à peser terriblement sur son cœur.

Un jour que notre captif était plus désespéré que jamais, il rencontra sous ses pas, dans la cour du donjon où il se promenait deux heures par jour, un brin d'herbe qui s'efforçait péniblement de lever la tête entre les dalles humides. La pauvre plante était si frêle, elle se courbait si tristement au moindre souffle, que tout d'abord Charney en eut pitié. Ce brin d'herbe tombé là, ce fut bientôt toute une histoire, tout un poëme pour le pauvre captif. Cette plante qu'il avait sauvée, le soleil la fit bientôt grandir à son souffle bienfaisant. Elle était si petite il y a huit jours encore! Maintenant la voilà qui déjà sourit au captif; elle se tourne vers le soleil dont elle absorbe les rayons. Quelle joie pour Charney! Il n'est plus seul ; il a quelque chose à aimer, à secourir, à étudier, à admirer, à bénir ; il a sa fleur bien-aimée, son enfant venu du ciel, Picciola!

Picciola grandit, en effet, comme ferait une belle fille de dix ans ; elle passe par toutes les transformations si charmantes des jeunes filles et des jeunes plantes. Sa taille élégante et svelte, ses belles feuilles flottantes, chevelure de son printemps ; puis bientôt sa fleur qui jeta au loin son haleine embaumée : ce sont là autant de ravissements inexprimables pour Charney. A chaque instant il s'étonne, il s'émeut, il admire ; puis enfin il se jette à genoux devant l'heureuse plante, et dans son enthousiasme il s'écrie : *A coup sûr, c'est toi qui as fait la terre et le ciel, Picciola!*

Cet amour d'un homme pour une plante, cette innocente fleur dont la contemplation assidue finit par guérir tout à fait cette âme malade, ne trouvez-vous pas que ce soit là une heureuse, une ingénieuse idée? L'auteur en tire tout le parti possible, sans jamais s'éloigner de cette simplicité de bon goût à laquelle il a condamné tout son livre. Et cependant que d'émotions dans tout ce récit! Que ce bon geôlier est à la fois bon et terrible! Quand le vent souffle au dehors de la prison, vous tremblez pour Picciola, et quand vous tremblez pour Picciola, vous tremblez pour Charney. Et n'est-ce pas là un grand tour de force, de nous tenir si émus par un souffle de plus du vent d'automne?

Il y a surtout un instant de ce récit où nos angoisses sont à leur comble. Je ne crois pas que, dans le drame le mieux préparé, jamais scène plus terrible se soit rencontrée. C'était un jour d'automne; Charney près de sa fleur, je veux dire près de sa maîtresse, s'aperçoit tout à coup qu'elle est triste et languissante. Qu'a-t-elle donc Picciola? Sa feuille est penchée vers la terre, sa fleur tombe sans odeur, elle est courbée comme une plante qui va mourir. Oui, c'en est fait, elle se meurt! Accourez tous, Picciola n'a plus assez de terre pour vivre; sa tige est prise entre les deux pavés de cette horrible cour! Charney, qui tout à l'heure encore se croyait dans le paradis, se retrouve dans sa prison. O douleur! Sauvez, sauvez Picciola! Au secours! au secours! elle se meurt! Alors vous auriez vu Charney, le sceptique, se jeter à genoux et prier Dieu! Charney, le conspirateur, se jeter à genoux et crier : — Vive l'Empereur! Ce qu'il n'a pas fait pour lui, il le fait pour Picciola qui se meurt. Il prie, il supplie, il implore. Sa plainte et sa prière s'en vont chercher l'Empereur qui passe là-bas avec son armée au milieu de cette plaine de Marengo dont l'Empereur célèbre l'anniversaire. Et, chose étrange! la plainte du captif arrive à temps aux pieds du maître. L'impératrice Joséphine, la reine de la Malmaison, ne peut retenir ses larmes en lisant cette prière en faveur de Picciola. Cette bonne et douce Joséphine se rappelle alors ces belles fleurs qu'elle aime, les reines de ses jardins, et des jardins de la Malmaison! elle se transporte en idée à la prison de Fénestrelles, entre les deux pavés de cette cour où languit Picciola! Et l'Empereur, qui pourtant n'aimait guère ces petits accès de sentiment, en faveur de Joséphine, fit élargir la prison de Picciola.

Et plus tard, dans un de ses bons moments, l'Empereur rendit aussi la liberté à Charney. — Bah! dit-il, il y a là-dedans un botaniste tout au plus, et non pas un conspirateur.

Et Charney, rendu à la liberté, emmena avec lui sa plante et son geôlier.

Que de larmes, que d'intérêt dans ce charmant récit, et quel charmant repos de toutes ces fictions niaises, furibondes ou allemandes dont nous sommes encore accablés tous les jours!

JULES JANIN.

ROMANS

historiques

DU

LANGUEDOC.

TOME TROISIÈME.

SATHANIEL.

Du même Auteur :

LES QUATRE ÉPOQUES,

PREMIÈRE LIVRAISON

DES

ROMANS HISTORIQUES DU LANGUEDOC.

Deux volumes in-8º. — Prix : 5 fr.

IMPRIMERIE D'ADOLPHE EVERAT ET Cⁱᵉ,
16, rue du Cadran.

SATHANIEL

PAR

Frédéric Soulié.

Tome I.

TROISIÈME VOLUME
DES ROMANS HISTORIQUES
DU LANGUEDOC.

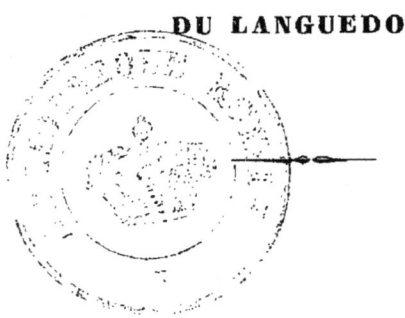

PARIS.
AMBROISE DUPONT, ÉDITEUR,
7, RUE VIVIENNE.

1857.

LIVRE PREMIER.

I.

Le chêne royal.

Au sommet d'une des hautes collines qui, aux environs de Pamiers, commencent ce qu'on appelle la montagne, se trouvait un plateau assez étroit pour être presque entièrement ombragé par un chêne immense. De l'épaisse forêt qui autrefois avait couvert toute cette colline, ce chêne seul était resté debout. On racontait plusieurs histoires merveilleuses sur la cause de sa conservation. En l'an 696 de Rome, Jules César, ayant envoyé Crassus pour soumettre les Sotiates [1] qui habitaient ce pays, et qui ont laissé leur nom au Vic-de-Sos où ils se retirèrent après leur défaite, ce général ordonna qu'on prît du bois dans la forêt pour faire des retranchements. Déjà beaucoup d'arbres avaient été abattus, lorsqu'un soldat ayant frappé ce chêne de sa hache, il en sortit des étincelles comme si le fer eût rencontré un bloc de pierre. D'autres soldats témoins de ce prodige ne craignirent pas de s'attaquer encore à l'arbre sacré; mais leurs coups ne purent l'entamer, et le feu qui s'échappa du tronc en aveugla plusieurs.

D'après le récit des rares habitants du pays, les armées romaines avaient évité, depuis ce temps, de passer par la forêt où se voyait ce chêne miraculeux et terrible, et il n'avait pas moins fallu qu'une troupe de barbares pour oser essayer de le détruire. Cette affreuse tentative avait eu lieu en l'an 408. Les Vandales, après avoir ravagé la Narbonnaise, se portèrent vers le Roussillon afin de passer en Espagne où ils voulaient s'établir. Repoussés par les légions qui gardaient cette province, ils se dirigèrent du côté de Foix et parvinrent à franchir les Pyrénées. Mais, pendant le séjour qu'ils firent dans ces contrées, leur chef, ayant entendu parler du prodige arrivé autrefois dans la forêt, déclara audacieusement qu'il le ferait cesser.

« A Saint-Gilles, dit-il, je me suis fait laver les pieds par un évêque chrétien avec l'eau du baptistère. Cette eau devait me dévorer comme de l'huile bouillante, et elle n'a fait que me délasser et me rafraîchir; quand je suivais Alaric, j'ai mangé, sur les bords du Clitumnus[2], les taureaux blancs réservés aux sacrifices : cette chair sacrée devait m'étouffer, et je respire encore; je veux renverser ce chêne merveilleux de ma hache et m'en faire élever une statue. Les Vandales seuls ont une divinité puissante, et si le reste des humains veut des dieux, nous leur permettrons de nous adorer. »

Après ces insolentes paroles, il pénétra seul dans la forêt. Chacun attendait avec anxiété l'issue de cet horrible sacrilége, lorsque le téméraire reparut pâle et ensanglanté. Mais la rage du barbare un moment abattue sans doute par le pouvoir surnaturel qui l'avait repoussé n'accepta point sa défaite. Il fit entasser au pied de la colline toute la paille et tout le bois que les soldats purent se procurer et y mit le feu. L'incendie monta rapidement d'arbre en arbre, et ce fut durant huit jours un vaste embrasement qui dévora la forêt, et ne s'éteignit que lorsqu'il manqua d'aliment. Les Vandales se réjouissaient, disant que rien ne devait rester debout là où ils avaient passé; mais ils furent aussi épouvantés que surpris, quand un matin, le vent ayant chassé les épais nuages de fumée qui s'élevaient encore des cendres de la colline, ils aperçurent à son sommet le chêne sacré verdissant et superbe comme si cet incendie eût été pour lui une pluie bienfaisante.

A l'aspect de ce prodige, les Vandales s'empressèrent de quitter cette contrée si manifestement protégée par une puissance surnaturelle, et ils allèrent porter en Espagne la désolation qui accompagnait leur marche vagabonde [3].

Si d'une part on eût ajouté foi à la première anecdote relative au chêne royal, il n'aurait pas eu moins de cinq cents ans à l'époque où se passèrent les choses que nous allons raconter, car elles arrivèrent en l'an 460 de l'ère chrétienne : et il était permis de douter d'une si vénérable antiquité. Mais d'un autre côté, un demi-siècle à peine s'était écoulé depuis l'épouvantable incendie allumé par les Vandales en 408, et ce laps de temps n'eût point suffi au développement du chêne majestueux qui s'élevait au sommet de la colline comme une aigrette de plume sur le cimier d'un casque romain [4]. On ne pouvait donc expliquer que par un miracle l'existence au moins très-extraordinaire de cet arbre. A la vérité les incrédules, car toutes les époques en ont produit, prétendaient que l'incendie avait été allumé sur une colline voisine et qu'il avait tout dévoré ; ils ajoutaient que depuis longtemps celle que la superstition s'obstinait à appeler la colline du chêne royal, avait été dépouillée par la hache, afin de rendre moins dangereux le chemin qui la gravissait sur ses deux versants, et allait se reposer sur le plateau dont nous avons parlé et à l'ombre du chêne dont on racontait tant de choses.

Ils prétendaient que la fontaine d'eau vive qui murmurait au pied de ce chêne en avait dû nécessairement faire un lieu de halte pour les voyageurs. Là seulement, ils pouvaient étancher la soif qu'une longue montée leur avait donnée, et il n'était pas étonnant qu'on eût conservé l'arbre dont l'ombre protégeait cette eau fraîche et hospitalière contre l'ardeur du soleil. Les incrédules ajoutaient encore, car dans tous les siècles cette espèce d'hommes a été fort obstinée à déduire ses raisons, que cette position avait été découverte parce qu'elle dominait tout le pays environnant. Ils rappelaient comment les chefs de presque toutes les armées qui passaient sans cesse de la Gaule dans l'Espagne et de l'Espagne dans la Gaule, avaient assis leur tente au sommet de cette colline pour pouvoir embrasser ainsi d'un coup d'œil les lieux occupés par leurs troupes et ceux par où l'on aurait pu les attaquer.

Mais il existe une obstination encore plus persévérante que celle des gens qui doutent; c'est l'obstination des gens qui croient, et celle-ci a sur la première un avantage incontestable, c'est que les incrédules, voulant donner les raisons de leur doute, finissent par épuiser tous leurs arguments; tandis que ceux qui croient, ne donnant à leur foi d'autres motifs que leur foi elle-même, ne courent point risque de se contredire ou d'être poussés à bout.

Probablement ces dispositions contraires animaient les deux hommes qui, le 16 juillet 460, se trouvaient assis sous le chêne royal, car la discussion animée qu'ils avaient ensemble depuis longtemps se termina soudainement par cette déclaration de l'un des deux :

— Je te dis, moi, que tant que ce chêne restera debout, ni Romains, ni Suèves, ni Vandales, ni Visigoths n'établiront sur cette terre qu'une tyrannie passagère que les vrais enfants de la Gaule renverseront facilement. »

Celui à qui ces paroles étaient adressées, haussa les épaules, et, s'étant enveloppé dans le long manteau blanc qu'il portait sur une courte tunique de même couleur, il se coucha sur l'herbe qui bordait la fontaine. Sa figure basanée ressortait sur la blancheur de ses vêtements comme sa noire prunelle sur le blanc mat de ses yeux.

A son visage et à son costume il était facile de reconnaître cet homme pour un de ces Maures errants du désert que n'avaient pu faire disparaître ni la souveraineté carthaginoise, ni la conquête et l'occupation romaines, ni l'invasion des Vandales, qui, partie des bords de l'Elbe et de la Vistule, alla fonder un empire sur la côte africaine, après avoir traversé la Germanie, les Gaules, l'Espagne et la Méditerranée[5]. Cet homme pouvait avoir trente ans; sa taille élevée, son corps grêle mais nerveux, dénotaient une vigueur peu commune et une rare agilité. Cependant il n'eût point paru capable de lutter avec son compagnon beaucoup plus jeune que lui, tant la stature de celui-ci était au-dessus de la taille ordinaire, et tant on pouvait remarquer de force dans le développement exagéré de ses membres musculeux. Ce géant ne portait qu'une tunique pour tout vêtement, et montrait ainsi qu'il appartenait à la plus misérable classe du peuple. Son chapeau de paille à larges bords rejeté sur ses épaules, laissait voir une épaisse forêt de cheveux bruns mêlés çà et là de mèches fauves; il était assis en face de son compagnon, sur une pierre qui avait dû appartenir à un monument dont on ne voyait plus de traces, et il tenait entre ses jambes un fort bâton garni d'un anneau de fer à chaque extrémité et portant au milieu une longue lanière de cuir. C'était un fustibale [6], arme terrible qui lançait au loin des cailloux d'un poids considérable, arme non moins redoutable, lorsqu'on s'abordait de près, par l'adresse avec laquelle s'en servaient les vigoureux habitants de ce pays. Cet homme était ce qu'on appelait alors un Bagaude [7].

Dans les premiers temps de la conquête

romaine, on avait désigné sous ce nom les Gaulois qui, n'ayant voulu accepter ni la protection, ni la tyrannie des vainqueurs, s'étaient retirés dans les forêts et les montagnes pour y vivre indépendants de toutes lois. Toujours poursuivis, ils avaient sans cesse reculé devant l'invasion qui avait fini par les atteindre presque partout où ils avaient tenté un établissement durable; peu à peu la rapacité des légionnaires leur avait enlevé jusqu'aux landes sauvages qu'ils cultivaient à grand'peine. Plusieurs fois, de terribles insurrections de ces malheureux, auxquels s'étaient souvent associés les colons libres qui faisaient valoir les terres des riches Romains, avaient nécessité un grand appareil de guerre. Mais les succès passagers qu'ils avaient obtenus leur avaient toujours valu des défaites terribles où les vainqueurs exterminaient sans pitié cette population que rien ne pouvait soumettre. En effet, souvent on leur avait offert de riches terres dans les plaines, à la condition de les cultiver au nom d'un maître, ou seulement de payer les impôts établis. Mais ces hommes habitués à ne reconnaître d'autres chefs que ceux qu'ils choisissaient, ayant perdu toute notion des besoins d'une commune patrie, s'y étaient obstinément refusés. Poursuivis par les lois, décimés par la guerre, ils n'en gardaient pas moins la superbe espérance de rendre un jour la liberté à la Gaule. Cependant il y eut un moment où l'administration romaine, établie dans toute son autorité, fit presque entièrement disparaître cette population rebelle. Ce calme apparent dura jusqu'à ce que les divisions intestines de l'empire eussent affaibli cette autorité en la jetant au premier soldat heureux qui osait se faire proclamer César; enfin, lorsque les invasions successives des barbares eurent ébranlé cette souveraineté de Rome jusque là si redoutée, les Bagaudes reparurent. Cependant ils n'étaient déjà plus ce qu'ils avaient été. Il restait bien encore, dans les bandes errantes des Bagaudes qui occupaient les forêts inaccessibles des Pyrénées, quelques descendants des anciens Gaulois, mais le plus grand nombre était un ramassis d'esclaves échappés, de déserteurs de toutes les nations qui s'étaient heurtées dans la Narbonnaise. Ainsi on y voyait des Alains, des

Vandales, des Romains, des Suèves, des Huns, et même quelques Visigoths qui avaient fui un châtiment mérité. Toutefois, quoiqu'il n'y eût presque plus de Gaulois parmi ces hordes à moitié sauvages, elles avaient conservé le nom de Bagaudes, l'indépendance de la Gaule était encore le motif de leurs féroces associations, et le commandement appartenait toujours aux anciens enfants du pays à qui la connaissance exacte des localités donnait une grande supériorité sur les misérables qui venaient se joindre à eux. Le géant dont nous venons de tracer le portrait était le chef reconnu de ces brigands, et, jusqu'à un certain point, le Maure qui était avec lui sous le chêne royal devait aux mêmes causes la position bien différente où il se trouvait.

En effet, comme nous l'avons dit, c'était un de ces habitants primitifs de l'Afrique auxquels les invasions romaines n'avaient laissé que le désert pour asile, comme aux Bagaudes elles n'avaient laissé que les montagnes.

Vers l'an 409, quelques-uns de ces proscrits

avaient traversé la Méditerranée, cherchant par la conquête ce qu'ils avaient perdu par la conquête, une demeure fixe et un champ pour vivre et pour mourir; mais ils furent facilement vaincus, d'un côté, par les Romains qui occupaient l'Espagne, et de l'autre, par l'invasion des Vandales qu'ils rencontrèrent dans les plaines de Sarragosse.

La seule ressource qui resta aux Africains après leur défaite fut de se mettre à la solde de leurs vainqueurs. A cette époque, vers l'an 411, leur chef Omar se voua au service de Constantin, soldat romain qui s'était fait proclamer empereur dans les Gaules [8], et qui soutint, quelque temps, cette haute fortune, et conduisit ses troupes jusqu'au pied des Alpes. Constantin vaincu par les généraux de l'empereur Honoré, les Maures qui suivaient son armée s'enrôlèrent au hasard sous le chef qui leur convenait le mieux, et Omar choisit le parti d'Ataulphe, roi des Visigoths, qui, à cette époque, envahit les Gaules en revenant d'Italie où Alaric son prédécesseur avait porté la dévastation.

C'était quelques années après l'invasion des Vandales, dont il a été parlé plus haut. Les Visigoths ayant payé magnifiquement les services des cavaliers maures qui leur étaient fort utiles, car les Visigoths n'avaient point de cavalerie, ceux d'entre eux qui rentrèrent en Afrique apprirent à leurs compagnons proscrits ce que valaient leur adresse et leur courage, et il arriva successivement des émigrations de Maures tout prêts à se vendre à qui les payait le plus richement.

Théodoric Ier, le troisième des successeurs d'Ataulphe comme roi des Visigoths, ne refusa point leurs services, et à la bataille de Chaalons où Attila fut vaincu par les Visigoths réunis aux Romains, un de ces Maures, nommé Haben Moussi, commandait un corps de mille cavaliers. Théodoric ayant été tué dès le commencement de la bataille, ils passèrent au service de Thorismond, son fils et son successeur, dont le courage avait décidé la victoire; mais après la mort de celui-ci, assassiné par son frère Théodoric II, qui gouvernait les Visigoths à l'époque où commence cette histoire, ils ne trouvèrent pas le même accueil près du nouveau roi et se dispersèrent presque entièrement. Quelques-uns se mirent au service des nobles Visigoths qui les prenaient plutôt comme serviteurs que comme soldats, et seulement par un esprit de vanité qui voulait pouvoir dire que les Visigoths avaient des hommes de toutes les nations pour les servir.

Haben Moussi, déjà vieux, entra alors dans la maison du jeune prince Euric, troisième fils de Théodoric Ier, et par conséquent, frère de Thorismond et du roi régnant Théodoric II. Les services de Haben Moussi furent récompensés par le don d'une habitation magnifique aux environs de Narbonne, et son fils, espérant la même fortune, ou peut-être, ainsi que nous le verrons plus tard, espérant une fortune encore plus élevée, suivit l'exemple de son père et s'attacha au prince Euric avec lequel il avait grandi. Ce fils s'appelait Mascezel, et c'était ce Maure que nous avons représenté causant avec le Bagaude Armand à l'ombre du chêne royal.

Après la discussion que venaient d'avoir ces deux hommes, leur silence était d'autant plus remarquable qu'ils paraissaient l'un et l'autre s'être complétement oubliés. Leur regard fixé devant eux attestait une si profonde préoccupation, qu'il semblait qu'on eût pu les surprendre facilement. Cependant un bruit presque insaisissable s'étant fait entendre dans les broussailles qui couvraient la colline, un regard rapide du géant interrogea le visage du Maure dont l'œil et la narine s'ouvrirent comme ceux d'un tigre à l'approche d'un ennemi. Ils demeurèrent pourtant immobiles; mais le bruit s'étant renouvelé, tous deux, par un mouvement également prompt, se trouvèrent debout, face à face, le géant tenant des deux mains son lourd bâton sur la tête du Maure, et celui-ci lui appuyant la pointe de son sabre sur la poitrine.

Alors leurs regards se rencontrèrent pour s'interroger, et tous les deux, en y lisant le sentiment d'une défiance réciproque, jugèrent qu'ils s'étaient trompés. Le bâton et le sabre se baissèrent simultanément, et chacun des deux adversaires se recula d'un pas, sans cependant quitter tout à fait son attitude de défense.

— Armand, dit le Maure, sais-tu quel est ce bruit?

— Il y a un moment, j'aurais osé jurer, qu'il n'est aucun bruit dans le monde dont je n'eusse pu te dire la cause, soit qu'un homme ou une bête fauve se fût glissée dans ces broussailles, soit qu'un râle les eût agitées en guidant sa nombreuse famille, soit qu'une vipère eût fait crier sous son corps l'herbe desséchée par le soleil.

— Eh bien! dit le Maure, puisque nous n'avons à craindre ni homme, ni bête fauve, ni serpent, ce bruit ne peut avoir rien d'alarmant.

— Mascezel, répliqua Armand, c'est précisément pour cela que ce bruit m'alarme.

En parlant ainsi il portait autour de lui des regards inquiets; puis il ajouta avec humeur et comme en se parlant à lui-même.

— Ne sont-ils pas arrivés?

— De qui parles-tu? dit Mascezel.

— Probablement, répondit Armand, de ton

maître, le prince Euric, et des nobles compagnons qui le suivent partout.

— Ne t'ai-je pas dit, repartit le Maure, que le prince devait venir seul ?

— Et tu vois aussi, répliqua le Bagaude, que je suis seul à l'attendre.

En ce moment un long cri aigu résonna au loin, et presque aussitôt, il se répéta de sommets en sommets dans la vaste enceinte de collines qui entouraient celle où s'élevait le chêne royal. Armand les écouta avec un air de satisfaction ; mais Mascezel, attachant sur le Bagaude un regard plus soupçonneux, s'écria vivement.

— Ton habileté sera-t-elle encore en défaut, et ne sauras-tu point me dire quels sont ces cris que je viens d'entendre ?

— Oh! répondit Armand en affectant un air d'indifférence, si tu avais habité nos montagnes, tu aurais reconnu ce cri sur-le-champ ; c'est celui d'un pâtre avertissant ses chiens que quelques bêtes de son troupeau s'égarent trop loin.

— Alors chacune de ces collines est riche en gras pâturages qui égarent aisément les troupeaux; car de toutes il est parti un cri pareil.

Armand sourit et répliqua en s'asseyant sur la pierre qu'il avait quittée.

— Il n'est pas étonnant que ces cris se ressemblent, puisque c'est le même cri répété par les échos nombreux de ces montagnes.

— Vraiment, reprit Mascezel en regardant autour de lui, vraiment ce sont les échos?

— Et il est facile de te le prouver, repartit Armand.

Aussitôt il fit entendre un long sifflement qui fut répété de tous côtés.

— C'est véritablement curieux, reprit le Maure toujours inquiet, je veux éprouver par moi-même la multiplicité inconcevable de ces échos.

Et à son tour il poussa un cri perçant et prolongé, mais l'horizon demeura muet, et Mascezel ajouta, en se dégageant doucement de son manteau.

— Il paraît que les échos des Pyrénées ne connaissent pas la voix des étrangers.

— Il faut le croire.

— Et faut-il croire aussi que tu m'as attiré dans un piége! s'écria Mascezel, en roulant son manteau autour de son bras et en s'apprêtant à combattre [9].

— Ai-je été te chercher dans le palais de ton maître pour te dire de venir ici? répliqua Armand. N'est-ce pas toi qui as pénétré dans la sombre montagne où est ma demeure, et qui m'as désigné cet endroit? Penses-tu, ajouta-t-il, en se dressant de toute sa hauteur, que si j'avais voulu ta vie, tu fusses sorti de l'antre où tu as osé mettre le pied. Non, non, étranger, maudit comme tous les étrangers, ce n'est pas ta vie que je veux, c'est celle de ton maître, celle du prince Euric. Il va venir, dis-tu? qu'il vienne, et nous ferons une entaille de plus au chêne royal. Car tu ne sais peut-être pas pourquoi il porte ce nom, et pourquoi il est marqué au flanc de ces deux profonds sillons? Ce n'est pas parce qu'il a été miraculeusement préservé par le Ciel de la hache et de l'incendie, Non. Il s'appelle le chêne royal parce qu'il a prêté son ombre au meurtre de deux rois visigoths, de deux des nouveaux maîtres de cette contrée. C'est ici, qu'Ataulphe, le successeur d'Alaric, fut assassiné à son retour d'Espagne! Ce vainqueur de l'Italie et de la Narbonnaise, ce Visigoth qui a posé sa tyrannie sur la tyrannie que Rome a posée sur nous, ce guerrier si puissant a péri ici, sous le couteau du Bagaude Vernulph, du paysan chétif et contrefait, dont il avait souvent raillé la faiblesse [10]. C'est sous cet arbre qu'a été assassiné Thorismond, le vainqueur d'Attila. Cette fois, ce n'est pas un misérable Bagaude qui a frappé le roi des Visigoths, c'est le frère qui a tué le frère. Fatigué de voir Thorismond abattre, avec l'escabelle dont il s'était armé, tous les assassins qui avaient pénétré dans sa tente [11], Théodoric, le roi vertueux qui nous gouverne à présent, feignit de s'approcher de son frère pour le défendre, et tandis que Thorismond se réjouissait de ce secours, ce frère dévoué le perça traîtreusement de son épée au-dessous de l'aisselle, et le bras levé pour frapper, retomba sans force, tant le fer avait été bien adressé. Mais si ce n'est point un Bagaude qui a porté le coup, c'est un Bagaude qui l'a dirigé, c'est un Bagaude qui avait soufflé dans l'âme de Théodoric la soif de régner même au prix du meurtre d'un frère; c'est un Bagaude qui lui suggéra la ruse par laquelle il put accomplir ce meurtre. Voilà pourquoi on appelle ce chêne le chêne royal, voilà pourquoi tu vois ces deux larges entailles sur son écorce; aujourd'hui j'en ajouterai une troisième.

Pendant tout le temps qu'Armand avait parlé, Mascezel l'avait suivi des yeux comme s'il avait redouté, avant tout, une attaque personnelle.

— Ne crains rien, ajouta Armand, ce n'est pas ta mort qui sera écrite sur cet arbre.

A peine avait-il prononcé ces paroles que le bruit léger qu'ils avaient entendu dans les broussailles se renouvela, et qu'une espèce de nain monstrueux et contrefait en sortit; Mascezel le reconnut pour le bouffon de son maître [12], et Armand demeura immobile à son aspect.

— Ce ne sera ni la mort de Mascezel, ni celle d'Euric qui sera écrite sur cet arbre, dit le nain en s'avançant.

— Et pourquoi cela? s'écria Armand.

— Parce que je ne veux pas, répliqua le nain.

Le géant murmura sourdement comme un dogue à qui son maître arrache la proie qu'il va saisir, mais il ne répondit pas, et le nain s'avança vers le Maure et lui dit :

— Le prince doit-il arriver bientôt au rendez-vous?

— Il devrait y être déjà, si la trahison de ce misérable ne l'eût sans doute arrêté.

Le nain jeta un regard interrogateur sur Armand.

— Non, répondit celui-ci, la trahison, s'il y a trahison à exterminer du sol de nos ancêtres les vainqueurs qui l'ont usurpé, la trahison doit le laisser pénétrer jusqu'ici pour l'y surprendre plus facilement.

— En ce cas, nous pouvons l'attendre, reprit le nain.

— Y a-t-il sûreté pour lui? demanda le Maure.

— T'ai-je trompé? répliqua le nain, lorsque je t'ai désigné l'endroit où tu pourrais rencontrer Armand. N'a-t-il pas obéi au signe que je t'avais confié? Et tout à l'heure encore, lorsqu'il parlait de meurtre, ne t'avait-il pas excepté de sa vengeance, parce qu'il savait qu'envoyé par moi tu devais lui être sacré?

— Tu dis vrai; mais ce n'était pas ma vie qu'il était important de protéger, c'était celle du prince.

— Ai-je oublié de le faire?

— Tu es venu bien tard.

— Qu'importe, si je suis venu assez tôt.

II.

L'esclave et le domestique [13].

Pendant ce temps, Armand s'était de nouveau assis sur la pierre : Mascezel reprit sa place sur le gazon, et le nain, s'étant assis sur le bord de la fontaine, défit ses bottines en peau de chamois et s'apprêta à plonger ses pieds dans l'eau. Outre ces bottines, son costume se composait d'un caleçon collant qui lui descendait au-dessous du genou, et d'une tunique à manches, attachée par une ceinture de cuir, brodée de diverses couleurs, à laquelle pendait une gourde; les manches de sa tunique étaient serrées au poignet et au-dessus du coude par des bracelets pareils à la ceinture, de façon que l'avant-bras était comme perdu dans une poche flottante; un manteau attaché sur sa poitrine par une agrafe, et dont les deux bouts étaient relevés dans la ceinture, complétait ce bizarre accoutrement.

Lorsque le nain se fut déchaussé, on put remarquer combien ses pieds étaient gonflés et meurtris.

— Il paraît que tu viens de loin, Kamal, dit Armand, car je te sais bon marcheur, et il a fallu une course bien longue pour te mettre dans un pareil état.

— La course n'a pas besoin d'être longue lorsqu'elle est rapide, reprit Kamal.

— C'est pourtant une belle distance que celle

qui sépare la maison d'Haben-Moussi de la colline où nous sommes, dit Mascezel.

— Je n'en disconviens pas, repartit le nain tout en se lavant les pieds; et Mascezel ajouta :

— Ainsi, tu es sorti hier de Toulouse au lever du soleil et en même temps que moi; tu es allé jusque sur le territoire de Narbonne, et tu as pu revenir ici avant le milieu du jour? Et tout cela à pied, car je sais que tu n'aimes guères à te confier aux jambes d'un cheval.

— Je ne confie jamais à personne ce que je peux faire moi-même, répliqua le nain.

— Et tu as pu faire cela? dit Armand. Sais-tu que ce ne serait pas moins de cent lieues en trente heures, et que c'est impossible, à moins de voyager, comme les magiciens, sur les ailes de la nue, ou, comme la mort, à cheval sur une flèche lancée par un bras de fer.

— Qu'importe comment j'ai fait ce chemin...... si je l'ai fait?

— Véritablement, le Bagaude a raison, reprit

Mascezel, à moins que j'aie mal entendu : n'a-t-il pas dit cent lieues?

— Oh! le nombre n'y fait rien, répliqua Kamal, les lieues gauloises [4] vont vite. Ce serait une autre affaire s'il s'agissait des milles romains ou des marches des Visigoths.

— Il est certain, dit Mascezel, que c'est une malédiction dans ce pays pour savoir le chemin qu'on a parcouru. Si, en sortant d'une ville, vous vous adressez à un Romain, de ceux qui affectent de ne trouver bon que ce qui vient de Rome, il vous répond en vous parlant par milles, encore faut-il s'informer si c'est un grand ou un petit mille. Si vous faites la même question à un Visigoth, il vous dit un nombre de marches; si c'est un habitant de la montagne, c'est un autre compte de lieues. Combien je préfère notre façon de mesurer l'espace! Si vous vous informez à un Arabe, il vous apprend tout de suite la longueur de votre route par le nombre d'heures qu'elle doit durer.

— Et fait-il le même calcul, dit le nain, pour un piéton ou pour un cavalier?

— Nous sommes tous cavaliers, répliqua le Maure avec importance, et, dans nos contrées, il n'y a que les esclaves qui aillent à pied.

— C'est la différence qu'il y a entre eux et les esclaves des Visigoths, reprit Armand, en jetant un regard de mépris sur le Maure, car en ce pays les esclaves vont à cheval.

— Je ne suis point l'esclave d'Euric! s'écria Mascezel.

— N'est-il pas ton maître? repartit brutalement le Bagaude, et quand il te commande, n'obéis-tu pas? et quand tu n'obéis pas à son gré, ne te fait-il pas fouetter de verges? Et quand il dispose de ta vie en t'envoyant si imprudemment dans nos montagnes, ta vie ne lui appartient-elle pas?

— Sans doute, car le temps du service que je lui ai vendu n'est pas expiré, répondit Mascezel.

— Ah! je comprends, dit Armand, tu n'es pas esclave, tu es libre; tu as pu te vendre toi-même. Noble liberté! mais ce n'est pas celle-là que les Bagaudes veulent conquérir.

— Tu as raison, répondit Mascezel avec dédain,

et il est assez difficile de savoir celle qu'ils désirent; car voici Kamal, un de vos anciens compagnons, qui n'a pas trouvé bonne la liberté qui lui a été rendue par le roi Théodoric, son premier maître, lorsqu'il est monté sur le trône, puisqu'il s'est vendu, quelques jours après, au prince Euric son frère.

— C'est que, probablement, dit Kamal, les présents dont le roi avait accompagné cette liberté ne suffisaient pas à mon ambition, comme la fortune que le prince Euric a donnée au vieux Haben-Moussi ne suffit pas à celle de son fils Mascezel. Je fais de mon esclavage ce que tu fais de ta domesticité.

— Mais ton esclavage n'a de bornes que la volonté du maître, reprit Mascezel, et mon service finit à un jour marqué par mon marché; ton esclavage est honteux, car tu le partages avec les hommes les plus vils, tandis que ma domesticité est honorable, car je l'exerce avec les plus nobles Visigoths, attachés comme moi à la maison du prince.

— Tu as peut-être raison, dit le nain, mais

nous verrons qui de nous deux arrivera le plus vite au but qu'il se propose.

— Il me semble, continua Mascezel, que si la richesse est le tien, tu dois l'avoir atteint, car le prince, si libéral pour tous, est plus que prodigue envers toi.

— Il me semble, ajouta Kamal, qu'il ne t'épargne pas non plus l'or et les présents, et que tu as lieu d'être aussi satisfait que moi.

— Sans doute... si la richesse était ma seule ambition, s'écria le Maure.

— Et qui t'a dit que je n'en aie pas aussi une plus élevée, repartit le nain.

— Je serais curieux, reprit Mascezel d'un ton ironique, de connaître l'ambition du nain Kamal, esclave et bouffon du prince Euric.

— Je le crois, répondit celui-ci, mais le nain Kamal, esclave et bouffon, a un grand avantage sur le domestique écuyer, c'est qu'il connaît l'ambition du Maure Mascezel.

— Esclave, reprit Mascezel, en se levant à

demi, je ne sais si tu la connais, mais si je croyais un moment que tu pusses avoir la pensée de la trahir, je te jure que cette pensée mourrait à l'instant même avec toi.

A cette menace, Armand répondit par une espèce de ricanement sauvage; mais le nain se contenta de dire en retirant ses pieds de la fontaine et les exposant au soleil :

— Ne t'occupe point de cela, mon brave Armand, la colère qui a troublé l'âme de Mascezel est comme la poussière de mes pieds qui a troublé l'eau de cette fontaine, dans un moment il n'y paraîtra plus.

— Sans doute, répondit Armand, mais la fange restera au fond de l'eau.

— Et peut-être aussi au fond de l'âme, veux-tu dire.

— Kamal! s'écria Mascezel, cette eau qui a si bien lavé la poussière de tes pieds peut effacer de même le sang dont mes mains seront teintes tout à l'heure, si tu ne te tais point.

— Oh! crois-moi, Mascezel, si tu savais où mes pieds ont ramassé cette poussière, tu serais plus curieux d'entendre mes paroles qu'altéré de mon sang.

Depuis un moment la figure de Mascezel avait exprimé une colère extrême, mais tout à coup le visage du Maure s'apaisa, son œil se rasseréna, et il répondit en souriant et d'une voix douce et flatteuse.

— Eh bien, Kamal, ne sommes-nous plus bons compagnons, et faut-il toujours nous quereller?

— Voilà comme je te voulais, Mascezel, dit le nain, pas une ride sur le front, point de menaces dans les yeux, quoique la colère soit dans le cœur, c'est un rôle qu'il faut que tu apprennes à jouer.

— Envers toi, jamais; esclaves attachés à la même chaîne, devons-nous nous en servir pour nous écraser l'un l'autre.

— C'est ce que tu pourras décider bientôt quand tu auras accompagné ton maître et le mien dans le voyage qu'il a entrepris dans ce pays, et quand tu seras entré avec lui dans les diverses demeures où j'ai été annoncer son arrivée.

— Toi, dit Mascezel, tu ne viens donc pas de chez mon père ?

— Non.

— Et ce message que le prince t'a donné pour Haben Moussi, devant moi, devant le roi Théodoric et tous ceux de sa cour ? s'écria Mascezel.

— Ce message, répondit le nain, était un prétexte pour expliquer aux yeux du roi ma sortie de Toulouse.

— Ainsi donc, il m'a trompé, cria le Maure, et cet anneau de fiançailles que je croyais destiné à....

Mascezel qui s'était laissé emporter s'arrêta, et Kamal reprit :

— Cet anneau que tu croyais destiné à ta sœur Sathaniel, n'est-ce pas ?

— Eh bien oui, à ma sœur; cet anneau, il

te l'a donné pour quelque noble fille des Visigoths, sans doute?

— Cet anneau n'a été remis par moi à aucune autre femme, dit Kamal; il n'a été qu'un signe de reconnaissance pour me faire admettre partout où je me suis présenté.

— Alors, je ne te comprends plus, reprit Mascezel, et je m'explique moins que jamais le voyage du joyeux et voluptueux Euric dans ces rudes contrées.

— C'est que ce voyage n'est pas celui du voluptueux Euric, repartit le nain en baissant la voix, mais celui de l'ambitieux Euric.

— Que veux-tu dire?

— Mascezel, ajouta Kamal, est-ce donc ceux qui cachent des pensées de liberté sous un visage d'esclave et la soif du commandement sous une apparence de servilité, qui doivent s'étonner qu'une vie de mollesse et d'amour recouvre de même des projets de meurtre et d'ambition.

— Il se pourrait?

— Cet anneau m'a servi, je te l'ai dit, à me faire accueillir avec confiance des plus nobles Visigoths; et lorsque je leur ai annoncé, en le leur présentant, que le jour était venu de se rendre chez le comte Bold pour la grande chasse qui s'y préparait, j'ai deviné dans leurs regards alarmés, dans leurs questions imprudentes sur mon voyage, que ce n'était pas un message de fête et de plaisir que je leur apportais.

Mascezel resta immobile comme s'il n'osait comprendre le sens véritable de ces paroles. Après ce moment d'hésitation, il porta un regard inquiet autour de lui, et reprit en examinant attentivement Kamal.

— Et le prince Euric t'a fait une pareille confidence ?

— Le prince Euric est aussi prudent que son écuyer Mascezel. Tu ne m'as pas dit, toi, les espérances que tu avais fondées sur l'amour du voluptueux Euric pour la belle Sathaniel, et pourtant tu vois que je les connais.

— Et qui t'a fait soupçonner les projets du

prince? dit le Maure, sans paraître avoir entendu le nom de sa sœur.

— Quelques observations que je ne pourrai continuer, puisque je ne l'accompagnerai pas dans ses diverses visites, répondit Kamal.

— Et ces observations, il faudra que je les complète, moi : c'est là ta pensée, je suppose? continua le Maure.

— Oui.

— Et au profit de qui?

— Mascezel, répliqua le nain avec impatience, apprenons d'abord les projets de notre maître, et plus tard nous verrons s'il y a pour nous profit à les seconder.

— Ou à les trahir, n'est-ce pas? Et tu oses me faire cette proposition en face, et tu ne crains pas que je n'avertisse ton maître et le mien?

— Non, je ne le crains pas, car dès ce moment, je puis te dire que les promesses faites à Sathaniel, dans une nuit d'amour où le frère veillait à la porte de sa sœur, je puis te dire que ces promesses ne seront pas tenues.

— Tu mens, tu mens, misérable! s'écria Mascezel.

— Je ne sais si je mens ou si je me trompe, repartit le nain, mais tu pourras t'en assurer.

— Oh! si tu disais vrai, répliqua Mascezel avec rage, c'est moi qui ajouterais une marque de sang à ce chêne.

— Et à quoi te servirait la mort du prince Euric?

— A me venger.

— Et à quoi te servirait la vengeance? A mourir sur la croix à laquelle le roi Théodoric ne manquerait pas de faire clouer l'assassin de son frère.

— Théodoric, s'écria le Maure, Théodoric récompenserait sans doute l'assassin du frère qui veut l'assassiner.

— Tu te trompes, répondit Kamal, d'un ton étrange; et d'ailleurs comment prouveras-tu à Théodoric les projets coupables de son frère?

— En les épiant, en les surprenant.

— Voilà précisément ce que je te demandais.

— Et ce que je ferai, dit Mascezel d'un air de menace.

— A la bonne heure, reprit le nain. Il s'arrêta, puis il continua plus bas : Tu comprends maintenant que la vengeance doit dormir au fond de ton cœur, comme la poussière de mes pieds au fond de cette fontaine; tu comprends que lorsque le prince arrivera, il faudra qu'il puisse se fier à la sérénité de ton visage pour t'emmener aux lieux où la soif de régner va le conduire, comme il se fiera à la limpidité de cette eau pour y désaltérer la soif que lui aura peut-être donnée une longue course. Qu'il ignore le ressentiment que j'ai jeté dans ton âme, comme il ne verra pas la poussière que j'ai laissée dans cette eau.

— Mais n'as-tu point d'autres renseignements à me donner?

— Aucuns; et j'attendrai de toi ceux qui doivent nous décider. Seulement, suis bien mon dernier conseil; sois prudent dans ta manière d'observer cet homme qui te semble si imprudent : entends et n'écoute pas; vois tout et ne regarde rien; car c'est ainsi qu'il fait, lui : et n'oublie pas qu'au moment où il te soupçonnerait de le soupçonner, il ne ferait pas comme toi, il n'attendrait pas d'être assuré que tu le trahis pour te sacrifier à sa sûreté.

— Le voilà! le voilà! s'écria Armand, montrant au loin un guerrier qui paraissait au sommet d'une colline éloignée.

— Armand, Armand! s'écria le nain en s'enfuyant vers les broussailles où il disparut aussitôt, quoique le prince puisse te demander, promets de le faire, quelque marché qu'il vienne te proposer, accepte-le. Quant à toi, Mascezel, regarde et tu décideras.

Puis, sans attendre ni la réponse de Mascezel, ni celle d'Armand, il s'éloigna, et tous deux purent juger de la vélocité de sa course à l'agitation des broussailles qui le cachèrent entièrement, et parmi lesquelles il traça un sillon aussi rapide qu'eût pu le faire un levrier lancé à la poursuite d'une bête fauve.

III.

Le frère du Roi.

Le cavalier qu'Armand avait aperçu à l'horizon s'arrêta un moment pour s'orienter; il ne fut pas longtemps à reconnaître l'endroit qu'il cherchait, car le chêne royal était si remarquable au milieu de ce pays dénudé, qu'il attirait les regards de quelque côté qu'on arrivât. Aussitôt

Euric, car c'était bien lui, précipita le galop de son cheval jusqu'au pied de la colline où il se trouvait, malgré la raideur de la descente; et il gravit du même train la colline du chêne royal, malgré la raideur de la montée.

Mascezel le suivait des yeux toutes les fois que le terrain permettait de l'apercevoir. Lorsqu'il le vit maintenir en montant l'allure rapide de son cheval, il ne put s'empêcher de s'écrier :

— Oh! que voilà bien la barbare insouciance du maître qui dévore pour la satisfaction d'un instant la force et la vie de tout ce qui lui appartient. Il n'y a qu'un Visigoth qui puisse forcer un si noble cheval à monter au galop un si rude chemin. C'est risquer de rendre ce cheval poussif.

— Et peut-être aussi, reprit Armand, n'y a-t-il qu'un Visigoth qui osât descendre au galop la colline qu'il vient de quitter. C'était risquer de se briser le crâne si le cheval eût fait un faux pas.

— Qu'est-ce que cela prouve?

— Qu'il ne faut pas attendre de ménagement et de prudence pour la vie des autres d'un homme qui en a si peu pour la sienne.

Le Maure paraissait tellement occupé à suivre la course d'Euric qu'il ne répondit pas, et bientôt le prince fut à côté d'eux. A peine arrivé, il sauta à terre : Mascezel s'approcha du cheval et le couvrit de son manteau en essuyant la sueur qui ruisselait de tous ses membres.

— Est-ce là l'homme que je t'ai dit de me trouver?

Mascezel tout occupé du cheval du prince ne répondit pas, et celui-ci répéta sa question qui demeura encore sans réponse.

— Mascezel, s'écria-t-il avec impatience, laisse là cette bête, et réponds-moi.

— C'est un cheval perdu.

— Eh bien! après celui-là, un autre; réponds d'abord, est-ce là l'homme que je t'ai demandé?

— Si vous êtes le prince Euric, dit Armand, en s'avançant, c'est moi que vous cherchez.

Euric contempla avec un étonnement mêlé d'admiration le Bagaude qui s'était levé; mais, avant de lui parler, il jeta un coup d'œil sur Mascezel qui semblait absorbé par le soin qu'il prenait.

— Tu as raison, dit-il à celui-ci, ce cheval ne pourrait guère continuer sa course si on le laissait se refroidir, promène-le un peu jusqu'à ce que je le remorce. Puis, il se retourna vers le Bagaude et ajouta :

— Armand, veux-tu changer la vie errante et misérable que tu mènes, contre une existence heureuse et assurée?

— Je n'ai point une vie errante, répondit le Bagaude, et mon existence est assurée.

— Du moins est-elle misérable?

— La misère est partout où les désirs sont immodérés, prince Euric! et peut-être ta vie est-elle plus misérable que la mienne.

— Voilà qui est fort bien pensé, répondit Euric, et probablement tu as appris cette belle maxime dans tes entretiens avec le moine Barthélemi.

Armand parut étonné, et Euric continua.

— Cependant, il semble que tu ne profites pas également bien de toutes ses leçons ; car s'il te prêche la modération dans les désirs, je sais qu'il te recommande aussi l'obéissance aux lois ; et je ne pense pas que ce soit les observer que de se mettre à la tête de tout ce que le pays renferme de brigands.

— Assurément, c'est une belle chose que l'obéissance aux lois, dit Armand ; mais je voudrais savoir où elles sont et en quoi elles consistent. Tout à l'heure, l'esclave que tu m'as envoyé se plaignait de ce que l'on ne pouvait se reconnaître dans la mesure de son chemin ; eh bien, il en est de même de la mesure de notre obéissance aux lois.

— Comme ceux qui sont citoyens romains, tu peux suivre la loi romaine, dit Euric.

— C'est une science trop difficile et dans laquelle je me suis perdu dès que j'ai essayé de la comprendre, répondit Armand.

— La loi des Visigoths protége tous ceux qui veulent l'accepter, reprit Euric.

— J'ai tenté d'apprendre cette loi visigothe qui vous régit, vous, les vainqueurs de nos vainqueurs, répliqua le Bagaude; mais c'est tout le contraire de la loi romaine qui est perdue dans des milliers de livres, la loi visigothe n'est écrite nulle part, et la mémoire de vos juges ne lui donne pas toujours le même sens.

— Tu as raison, reprit Euric, que cette observation parut frapper; je ferai faire un code de nos lois.

— C'est le devoir des rois, prince Euric, dit Armand en appuyant sur les mots roi et prince; mais Euric ne fit pas semblant d'entendre et reprit :

— N'y a-t-il pas aussi la loi gauloise ?

— Oh! celle-ci, est comme la loi visigothe, elle n'est écrite nulle part, et à l'exception des assemblées, où se discutent l'impôt et quelques affaires qui intéressent la généralité de la province, elle est complétement oubliée dans ce qu'elle avait de particulier pour les individus.

— Cependant il est difficile de faire plus que nous n'avons fait en faveur des peuples vaincus. Que serait-ce donc si les Francs, qui nous menacent d'une guerre, avaient envahi la Narbonnaise ; ceux-là ne permettent pas, comme nous, que chacun garde les lois sous lesquelles il est né. Non-seulement ils imposent leur règne aux nations mais encore ils leur imposent leur loi, la dure loi salique. Ce ne sont pas comme nous des hommes élevés dans la sainte religion du Christ, mais des barbares pareils aux Huns, et qui immolent des hommes sur l'autel de leurs dieux [15]. Lorsque nous avons pris cette terre, nous n'avons pas dit comme eux : tout est à nous ! Un tiers des biens de cette province nous a suffi, et les deux autres tiers sont demeurés aux anciens propriétaires.

— C'est juste, et en cela vous avez été plus humains que nos premiers maîtres, les Romains, qui ont pris d'abord les deux tiers de cette terre où ils étaient entrés par un traité amical, et qui ensuite nous ont enlevé le reste, distribué peu à peu aux bénéficiaires. Mais que nous importe à nous la douceur avec laquelle vous avez dépouillé nos spoliateurs!

— Cela pourrait t'importer beaucoup, si tu voulais suivre la loi sous laquelle tu es né.

— Mais je ne suis né sous aucune loi.

— Et c'est un avantage pour toi, car tu peux choisir alors la loi sous laquelle il te plaira de vivre.

— A condition que ce sera la loi romaine ou la loi visigothe.

— A condition qu'elle pourra te donner des juges, voilà tout.

— Mascezel vit-il sous la loi de ceux de sa race?

— Mascezel vit sous ma protection et cela doit lui suffire; mais si les Maures étaient assez nombreux en ce pays pour y faire un corps de nation, la loi de Mascezel y serait respectée du moment que la justice pourrait être rendue en son nom.

— Et si Mascezel avait une injure à venger, à quel magistrat s'adresserait-il?

— Mascezel? reprit Euric étonné. Mascezel? ajouta-t-il en regardant le Maure d'un air soupçonneux; mais à quoi bon toutes ces questions, à propos de Mascezel?

— C'est parce que je serais probablement dans sa position si j'acceptais les offres que tu pourrais me faire.

— Eh bien! c'est moi qui me chargerais de venger l'injure de Mascezel ou la tienne, de quelque part qu'elle vous eût été adressée.

— Mais tu n'es pas la loi, prince Euric, et je veux connaître la loi à laquelle je pourrais avoir recours.

Euric parut surpris de cette persistance, et s'aperçut que Mascezel s'était rapproché d'eux et les écoutait depuis quelques temps; il répondit alors:

— Ce que j'attends de toi, Armand, n'est pas un service de longue durée et qui puisse t'exposer à des procès d'aucune sorte; il s'agit de paraître dans une cérémonie avec cent de tes hommes, les plus beaux et les plus alertes.

— Et dans quelle cérémonie? reprit Armand.

—Dans celle où il me plaira de te faire paraître, répondit Euric avec impatience; tu seras magnifiquement payé, voilà tout ce que je puis te dire : es-tu à vendre pour de l'or? réponds, oui ou non.

— Encore faut-il que je sache pour quel service.

— Holà! Mascezel, donne-moi mon cheval : cette brute se marchande trop pour ne pas vouloir me tromper.

— Tu juges mal, prince Euric, c'est celui qui se vend en acceptant toutes les conditions qui trompe d'ordinaire; car il se propose en secret de s'en faire de meilleures que celles qu'on lui offre.

Euric avait déjà saisi la bride de son cheval, cette observation d'Armand le retint.

— Mascezel, dit-il au Maure, où as-tu laissé ton cheval?

— Il est au pied de cette colline, dans un lieu où je l'ai caché et où il prend le repos nécessaire au meilleur coursier.

— Va le chercher, et viens me joindre ici, nous allons continuer notre route de ce côté.

— C'est précisément de ce côté qu'il se trouve, et je le reprendrai en passant.

— Mais comme, si nous partons ensemble, repartit Euric avec hauteur, j'arriverai probablement avant toi, il ne me plaira pas de t'attendre, et tu adores trop ton bon cheval pour vouloir le fatiguer par une course trop rapide.

— Mais est-il prudent, dit Mascezel, que je vous laisse seul avec un pareil homme?

— Depuis quand ai-je besoin de la protection d'un autre pour me défendre, et d'où te vient cette prudence pour moi? obéis, et ne t'inquiète pas de ma sûreté, voici qui peut y suffire.

Et il montra la lourde épée qu'il portait et que soutenait un baudrier de cuir passé sur son épaule droite.

Mascezel s'éloigna d'un air mécontent, et Euric demeura seul avec Armand.

— Tu m'as demandé, lui dit Euric, pour quelle cérémonie j'avais besoin de toi; ce sera pour la cérémonie de mon mariage.

— Cet homme est heureux, dit Armand, en regardant Mascezel qui s'éloignait.

— De qui parles tu?

— De ce Maure dont la sœur va devenir ton épouse après que le frère aura été ton esclave.

— Te l'a-t-il dit? demanda Euric en regardant Armand.

— D'où veux-tu que je le sache?

— Oui, je comprends que l'espérance d'une telle fortune le rende indiscret.

— C'est donc pour la cérémonie de ton mariage avec elle que tu as besoin de moi?

— Oui, répondit Euric d'un air pensif et presque sans songer à ce qu'il disait; oui, et je veux qu'elle soit si magnifique, qu'elle efface la pompe de toutes celles qu'on a vantées dans les siècles. Je veux qu'elle étale le luxe de toutes les nations, et qu'on y voie des hommes de tous les peuples.

— Tu n'as pas d'autre but?

— Point d'autre.

— Et où devrais-je me rendre?

— A Toulouse.

— Quel jour?

— Le saint jour du dimanche, le huitième jour, à partir de celui-ci: ta récompense t'y attendra.

Euric allait s'éloigner, quand Armand, qui l'avait laissé monter à cheval, posa la main sur la bride et lui dit :

— J'espérais que c'était pour un dessein plus important que le prince Euric était venu trouver le chef des Bagaudes.

— Le prince Euric n'a pas de plus grand dessein que la satisfaction de ses désirs.

— Je le vois; mais je pensais que ses désirs étaient plus nobles.

Euric resta un moment silencieux, puis il ajouta, sans paraître étonné de ce que le Bagaude venait de lui dire :

— Est-ce donc Mascezel qui t'a fait supposer que je venais pour traiter avec toi d'affaires importantes?

— Mascezel est un esclave qui obéit sans réflexion; mais moi, je ne croyais pas que le prince Euric vînt si imprudemment se livrer à un homme qu'il ne connaît pas, pour s'assurer d'un acteur de plus dans la cérémonie de son mariage.

— Tu oublies que je t'ai demandé cent hommes.

— Et que fût-il arrivé s'il les eût trouvés ici, qu'ils eussent surpris le prince Euric, et qu'au lieu d'accepter le marché qu'il me propose, ils lui en eussent imposé un auquel il eût été forcé de souscrire. Ne sais-tu pas combien cet endroit est fatal à ceux de ta race?

Rien ne semblait pouvoir troubler le calme

d'Euric; et il reprit la parole comme s'il n'eût pas entendu l'espèce de menace d'Armand.

— Ainsi donc il est facile de cacher cent hommes dans ces broussailles?

— Et cela est si facile qu'ils y sont, répondit Armand avec violence.

Euric ne fit pas un mouvement pour dégager la bride de son cheval ou tirer son épée, et répliqua :

— Je te croyais à la tête d'une troupe plus nombreuse?

— N'est-ce pas assez pour s'emparer du prince Euric, si je le voulais?

— Ce n'est pas assez pour le marché que je pouvais te proposer si tu eusses été l'homme que je pensais.

Tant de sang-froid étonna la brutalité du Bagaude qui, décidé d'avance, par les paroles de Kamal, à souscrire aux propositions d'Euric, ne voulait que tenter de l'effrayer; ainsi donc, après avoir gardé le silence à son tour, il reprit :

— Et quel est ce marché?

— Si tu peux réunir dix mille des tiens, je te le dirai à Toulouse.

— Veux-tu voir une partie de ceux qui m'obéissent?

— Volontiers.

Armand donna un signal et aussitôt, à l'angle des rochers, du fond des hautes fougères, du creux des ravins, sortit une multitude armée, effrayante à voir. C'étaient, pour la plupart, des hommes couverts de tuniques en lambeaux, agitant, dans leurs mains, des armes de toutes les nations. Euric porta autour de lui un regard calme et résolu.

— Ce serait assez, s'ils savaient obéir.

— Tu vas voir.

Armand fit entendre un autre signal, et ils accoururent comme une nuée autour du chêne royal sous lequel Euric était avec Armand.

— Voilà qui est bien, dit Euric.

Et, se tournant aussitôt vers eux, il leur cria :

— Braves Bagaudes, j'ai donné rendez-vous à votre chef dans la ville de Toulouse. S'il ose y venir comme je suis venu parmi vous, se fiant à ma parole comme je me suis fié à la sienne, tout ce que vous avez souffert jusqu'à ce jour, de misères et de proscriptions, cessera pour faire place à la richesse et à la puissance. C'est maintenant à vous de voir s'il mérite le nom de roi que vous lui avez donné.

Tout aussitôt il dégagea son cheval et, s'étant penché vers Armand, il lui dit :

— Viendras-tu ?

— Et qui m'assurera que ce n'est pas un piége où j'irai ?

— M'en as-tu donc tendu un pour redouter une trahison de ma part ?

Armand se rappela la recommandation de Kamal, et répondit :

— Eh bien, soit, dans huit jours je serai à Toulouse avec cent hommes.

— Ce n'est plus avec cent hommes que tu dois

venir. Il faut que tu en introduises au moins deux mille. Le mouvement extraordinaire qu'occasionnera la cérémonie de mon mariage leur permettra d'entrer sans qu'on les remarque ; ils se glisseront facilement à travers les flots de population venus de tous les environs de la ville. Qu'ils y pénètrent par petits groupes séparés et par diverses portes. Puis, donne-leur comme point de réunion, la place de l'église Saint-Pierre. Là tu leur diras ce qu'ils doivent faire.

— Et comment le saurai-je moi-même?

— Kamal se trouvera à la porte Décumane, et t'introduira dès le matin dans mon palais.

Après ces paroles, il s'éloigna au petit pas de son cheval, en saluant les Bagaudes ; puis, arrivé au bas du vallon, il trouva Mascezel qui l'attendait.

— Au galop, maintenant, au galop! il faut qu'avant la nuit j'aie vu le comte Bold, et que je sois rentré dans la ville de Toulouse.

IV.

Les Précautions.

Le soir de ce jour il y avait une nombreuse réunion au château narbonnais. Le souper du roi Théodoric était fini ; les esclaves avaient enlevé les nappes de pourpre qui recouvraient les tables, et les vases d'or et d'argent dans lesquels les mets avaient été servis. Pendant que quelques nobles Visigoths s'entretenaient dans les diverses parties de la salle, le roi achevait une partie de trictrac [16] avec son frère; celui-ci perdait avec une insouciance assez remarquable, tandis que le roi suivait les chances de sa fortune d'un regard avare.

Théodoric était un homme d'une taille haute et parée d'une noble prestance. Vêtu comme un soldat, il laissait à ceux qui l'entouraient le luxe des vêtements et des armes. Cette affectation de simplicité personnelle, qui a été observée dans plusieurs hommes d'un génie éminent, a toujours été un moyen de distinction plus sûr que le luxe, à quelque degré qu'on le pousse. Quand le chef d'une nation cherche à se faire remarquer par l'éclat de ses habits, il peut lui arriver d'être souvent surpassé par ceux qui sont au-dessous de lui : tandis qu'il est rare qu'on le suive dans l'oubli qu'il fait de toute parure. En effet le luxe étant communément l'attribut de la royauté, le souverain est le seul en qui une grande simplicité puisse passer pour extraordinaire et frapper l'imagination des hommes par le contraste du rang et de la modestie du costume. D'ailleurs, les peuples croient reconnaître, dans la négligence étudiée des soins personnels chez un roi, l'occupation des soins plus importants de l'empire. Toutefois, si Théodoric était remarquable parmi tous les nobles Visigoths par la simplicité de ses vêtements, il ne l'était pas moins par la mâle fierté de son visage et la dignité de son maintien : il se laissait rarement dominer par les succès ou les revers dans les petites comme dans les grandes choses. Cependant, en cette circonstance, un dernier coup de dés ayant décidé la partie en sa faveur, il s'écria joyeusement :

— Vous le voyez, mon frère, je gagnerai toujours contre vous !

— En effet, répondit Euric en riant, la fortune ne se lasse point de vous être favorable ; mais comme je ne me lasserai point de la tenter, nous verrons si, une fois enfin, je ne réussirai pas à la saisir. Voyons, voulez-vous essayer d'une dernière partie? Et, pour que nous puissions juger quel est le plus habile ou le plus heureux de nous deux, je vous joue, en une seule fois, non-seulement tout ce que vous m'avez gagné, mais encore le double de cette somme.

Le roi parut hésiter; il jeta sur les dés un regard incertain, comme s'il craignait de les voir enfin se tourner contre lui, puis il s'écria vivement :

— Non, non, je suis satisfait; je vous ai assez prouvé que j'étais votre maître en toutes choses.

— Ou plutôt, trouvez-vous que vous avez assez gagné aujourd'hui? répliqua Euric avec dédain.

— Oui, repartit le roi d'un air grave, car, moi, je ne veux pas votre ruine comme vous-même.

— C'est que peut-être vous n'osez pas la tenter jusqu'au bout, dit Euric.

— J'ose tout ce dont on me défie, répondit le roi en s'emparant des dés, et, si vous le voulez, je doublerai l'enjeu que vous m'offrez.

— Et moi, j'accepte tous les enjeux, répondit Euric. Commençons !

La partie s'engagea de nouveau au milieu des regards curieux de tous les nobles qui entouraient la table. La fortune, d'abord si favorable au roi, tourna tout à coup contre lui, et, en quelques minutes, il perdit non-seulement tout ce qu'il avait gagné, mais encore une somme très-considérable. Au dernier coup de dés, qui amena la perte de cette partie, l'humeur qui s'était emparée du roi éclata violemment, et il frappa la table du poing, en s'écriant :

— J'ai donc perdu !

— Et vous avez perdu, dit son frère en le raillant toujours, vous avez perdu la partie qu'il était important de gagner : et s'il est permis à un joueur heureux de donner un conseil à un joueur qui perd, je vous dirai, mon frère, que vous appliquez trop votre attention aux petites combinaisons de ce jeu, et que vous vous laissez toujours surprendre par quelques coups hardis dont vous ne supposez pas vos adversaires capables.

— Vous vous trompez, mon frère, lui répondit le roi, je vous crois capable de tout.

— Eh bien! nous reprendrons la partie quand vous voudrez.

— Quand elle se présentera, dit le roi, je serai prêt.

Puis il fit un geste, et tout le monde se retira en silence, tandis que, le coude appuyé sur la table, Théodoric regardait les dés avec une remarquable tristesse. Pendant que tout le monde s'éloignait, deux hommes s'étaient mis à l'écart.

L'un, vêtu à la manière romaine, était le fameux jurisconsulte Léon, jeune et inconnu encore à cette époque, mais qui devint plus tard illustre par les sages conseils qu'il donna au successeur de Théodoric et par le code des lois visigothiques dont il fut le rédacteur; l'autre, portant l'habit étroit des Visigoths, s'appelait Gandoin, surnommé le tueur d'ours. Il s'était vanté de tapisser toute sa demeure avec des peaux de ces féroces animaux, et il avait tenu sa parole. Au moment où la partie finissait, ces deux hommes échangèrent entre eux quelques paroles.

— Je ne le croyais pas si avare, dit Léon.

— Tu devrais dire si superstitieux. Théodoric ne joue pas une partie de dés, qu'il ne rattache à son succès le succès de quelque affaire importante. Les dés sont pour lui les augures qui ont remplacé les oracles des poulets sacrés, du vol des oiseaux et des entrailles des victimes. Et si j'ai bien compris les paroles qu'il adressait à son frère, il cherchait dans cette partie à deviner s'il réussirait à déjouer toutes les conspirations du prince Euric contre lui.

— Est-ce donc pour cela qu'il nous a ordonné de rester seuls avec lui?

— Il va te le dire lui-même, répondit Gandouin, car tout le monde s'est enfin retiré.

A ce moment Théodoric, qui était resté immobile devant la table, se leva soudainement, et, montrant que Gandouin avait bien deviné sa pensée, il dit en repoussant les dés avec colère :

— Qu'il me gagne à ce jeu, où il passe les nuits et les jours, j'y consens; mais puisqu'il a osé en engager un plus terrible avec moi, il apprendra tout ce qu'il peut y perdre.

— Il devrait y perdre la vie, dit brutalement Gandouin en prenant la parole.

Le roi secoua lentement la tête en poussant un profond soupir, et témoigna seulement de cette manière qu'il avait entendu ce terrible conseil, et qu'il n'était pas disposé à le suivre; puis il se promena dans la salle, absorbé par ses pensées, et sembla s'interrompre tout à coup lui-même en disant vivement.

— Avant de prendre nos dernières mesures, il faut entendre nos derniers renseignements.

Aussitôt, ayant donné un signal particulier, une porte s'entr'ouvrit, et le nain Kamal fut introduit par un chambellan.

D'abord il raconta ce qui s'était passé jusqu'à l'arrivée du prince Euric sous le chêne royal; puis il dit qu'il l'avait vu de loin s'entretenir avec Armand.

— Mais, s'écria brusquement le roi en interrompant le nain, que veut-il faire de ce Bagaude Armand?

— Roi, dit Kamal, le prince Euric ne dit à chacun de ses serviteurs qu'une part de ses projets, et il n'y a qu'un esprit aussi habile que le tien qui puisse les comprendre dans leur ensemble sur quelques indices épars.

— As-tu jeté, dit le roi, dans l'ame de Mascezel les soupçons que je t'avais ordonné d'y faire naître?

— Je l'ai fait.

— Et cet anneau que le prince Euric t'a remis comme signe de reconnaissance, tandis qu'il voulait nous persuader que tu le portais à Sathaniel, cet anneau, qu'en as-tu fait?

— J'ai dit au prince, d'après vos ordres, que je l'avais perdu, et d'après vos ordres aussi je vous le rapporte.

Le roi le prit des mains du bouffon et le déposa à côté de lui; il le regarda un moment en silence, et murmura à demi-voix et avec un sourire satisfait :

— C'est un coup de dés bien imprudent, mon

frère, que vous avez fait là, en remettant cet anneau de fiançailles à votre bouffon.

Puis, après un moment de réflexion, il dit à Kamal :

— Et tu ne sais rien de ce qui a été convenu avec le chef des Bagaudes? Quoi ! tu as l'ambition de devenir leur roi, et tu ignores jusquà leurs plus misérables projets!

— Tenez vos promesses, dit Kamal, et comme alors les Bagaudes n'auront d'autres projets que les miens, vous en serez instruit; tout ce que je puis vous dire maintenant, c'est qu'Armand doit se présenter dans huit jours à la porte Décumane, et que je suis chargé de le conduire secrètement dans le palais de mon maître.

— Eh bien ! repartit le roi, tu le conduiras dans le mien, et j'apprendrai de lui ce que tu ne peux pas me révéler; et maintenant, dis-moi, pourras-tu suivre Euric chez le comte Bold?

— Je dois l'y précéder dès demain, et vous savez que le rendez-vous général n'a lieu que dans deux jours, je dois l'y précéder, dis-je, pour faire savoir au comte les noms de ceux qui doivent arriver.

— Va donc, dit Théodoric, et n'oublie pas la récompense qui t'attend si tu es fidèle au serment que tu me fis, lorsque, par mon ordre, tu t'es vendu au prince Euric.

— Oui, dit le bouffon en riant, fidèle envers vous et traître envers lui, vendu comme esclave au prince, pendant que j'appartenais au roi comme espion : c'est avoir fait preuve d'assez d'habileté pour mériter d'être roi des Bagaudes.

Théodoric fit un geste par lequel il ordonna au bouffon de sortir, et, après l'avoir suivi des yeux pendant qu'il quittait la salle :

— Oui, oui, reprit-il, dès qu'il fut sorti, tu es trop habile en trahison pour que tu ne reçoives pas la récompense que tu mérites, un juste supplice.

Aussitôt après, et avant de reprendre son entretien avec ses conseillers, Théodoric donna un nouveau signal, et un second personnage fut introduit par une autre porte et par le même chambellan.

C'était un homme d'une taille élevée, d'une maigreur excessive, et qu'à l'habit qu'il portait, on reconnaissait pour un de ces moines qui, sur les montagnes des Pyrénées, dans les austérités et la retraite, cherchaient à imiter la vie des fameux solitaires du désert, et à acquérir la réputation de sainteté de ces hommes extraordinaires [17].

On pouvait lire sur le visage de celui-ci un caractère d'exaltation qui ne devait redouter aucun danger, et en même temps une obstination brutale qui ne devait non plus redouter aucun moyen de parvenir.

Ainsi qu'au nain, le roi lui adressa la parole, mais d'un ton de respect et presque d'affection.

— Barthélemi, lui dit-il, le terme de tes longs travaux est enfin arrivé, et bientôt tu en recueilleras le fruit; bientôt la mître d'évêque remplacera le capuchon du moine.

— Roi, répondit Barthélemi, si j'ai accepté

cette récompense pour prix de mes services, ce n'est pas par ambition pour moi, mais parce que j'espère mieux servir la vraie religion du Christ, dans cette place élevée, que dans l'humble place que j'occupe maintenant.

— Je l'espère bien aussi, répondit le roi d'un ton de parfaite humilité, et si moi-même je n'ai pu encore te permettre de convertir les Visigoths au catholicisme que par la prédication secrète, c'est qu'il serait imprudent que je leur donnasse moi-même un exemple de conversion; j'attendais que je pusse leur en offrir un parmi les plus nobles familles.

— Et tu le pourras dès que tu le voudras, répondit le moine; car la fille du noble comte Bold est entrée depuis longtemps dans le giron de la véritable Église.

— C'est bien, dit le roi, elle aura aussi sa récompense, et son union avec le jeune Firmin légitimera l'amour auquel elle s'est abandonnée pour lui, amour sur lequel l'aveugle ambition de son père a dû bâtir de merveilleux projets, grâce aux récits mystérieux que je t'ai ordonné de lui faire sur la naissance probable de ce jeune Firmin.

— Je la croyais certaine, dit le moine.

— Et c'est ce que le temps éclaircira, reprit Théodoric en l'interrompant vivement; il suffit que les espérances que tu as fait naître dans le cœur du comte Bold lui aient fermé les yeux sur le coupable amour de sa fille.

— Puisque tu l'appelles coupable, dit gravement le moine, pourquoi m'as-tu forcé de l'encourager lorsque je t'en ai averti?

— Parce que, répondit le roi, j'ai pu laisser commettre la faute que j'avais le pouvoir de réparer, et qu'elle l'a commise sans savoir si elle pourrait en obtenir l'absolution. Au reste, écoute mes derniers ordres. Tu vas rentrer dans ton monastère, et tu feras observer la route qui conduit chez le comte Bold et qui longe le pied de la tour que tu habites. Après-demain, de nombreux chasseurs passeront sur cette route pour se rendre chez le comte Bold; parmi eux se trouvera le prince Euric. Lorsque tu l'auras vu se diriger vers le château du comte, tu feras faire à la croix qui domine cette tour le signal accoutumé, et puis tu regarderas du côté de Toulouse, et quelques moments après tu apercevras de même un signal sur la colline noire, et tu le répéteras.

— Et à qui dois-je transmettre ces signaux?

— Ceux qui devront les recevoir seront à leur poste. Mais il est temps que tu t'éloignes de Toulouse; il faut que tu en sortes avant le jour levé, afin qu'on ne soupçonne pas notre entrevue.

Le Moine s'éloigna aussitôt, et Léon dit au roi.

— Singulière religion que celle qui a aidé à la perte d'une jeune fille! plaisante humilité que celle qui veut une mître pour récompense! J'ai vu rarement un hypocrite plus confiant.

— Tu aurais dû dire un fanatique; car je suis assuré qu'il nous a parlé de bonne foi. Mais nous n'avons pas encore fini, il nous reste à entendre le plus important de tous ceux qui surveillent les actions de mes ennemis, c'est à dire le jeune Firmin.

— Et sans doute, comme les autres, dit Léon, ce jeune homme a quelque sotte ambition que tu as adroitement flattée?

— Tu dis vrai; et cependant ce titre d'empereur que j'ai fait briller à ses yeux ne l'eût peut-être pas décidé à me servir, si je ne l'avais alarmé sur la vie et l'honneur de cette jeune Alidah.

— C'est que le sang qui coule dans ses veines n'est pas habitué à la trahison, reprit Gandouin.

— Silence, repartit le roi; oublies-tu qu'un pareil secret révélé trop haut ébranlerait jusqu'en ses fondements les murs de ce palais?

— Quel est donc ce jeune homme? reprit Léon, piqué du mystère que le roi semblait vouloir lui faire.

Théodoric, remis du trouble que lui avaient causé les paroles de Gandoin, répondit:

— Ne le sais-tu pas? C'est un orphelin déposé par une main inconnue chez le vieux Attale, cet autre bouffon que mon prédécesseur Alaric fit empereur pendant quelques mois [18]. Cette main inconnue a de même pourvu à la fortune de ce jeune homme; voilà tout ce que j'en sais.

— Ou tout ce que tu en veux dire, répliqua Léon avec la même humeur qu'il avait montrée d'abord.

— Sais-tu combien les secrets des rois sont dangereux, dit Théodoric, pour vouloir les pénétrer ainsi?

— Je sais, répliqua le ministre, que lorsque tu m'as fait venir de Narbonne, où j'étais avocat [19], tu m'as dit que j'aurais la première place dans ta confiance pour t'aider à régir les affaires de ton royaume. Il y a longtemps que je m'aperçois que je ne suis qu'un instrument dans tes mains, comme les hommes qui viennent de sortir. Tu tires de moi des conseils comme tu tires d'eux des services, sans que nous sachions ni les uns ni les autres où services et conseils doivent aboutir. Qu'ils acceptent un pareil office, je le comprends, mais tu comprendras aussi que, moi, je le refuse.

Léon fit un pas pour se retirer; mais Théodoric l'arrêta aussitôt.

— Demeure, lui dit-il; il faudra bien que tu apprennes tôt ou tard ce secret, et tu ne seras pas longtemps sans en être instruit : cependant éloignez-vous tous deux, car ce jeune homme éprouve déjà assez de honte à remplir devant moi les devoirs que je lui ai imposés. L'espionnage et la délation ne lui vont pas; et s'il supposait qu'un autre que moi est instruit des services qu'il me rend, il refuserait de les continuer plus longtemps, quelque danger qu'il y eût pour lui dans ce refus. Je vous rappellerai bientôt, et sans doute, Léon, tes conseils m'aideront à sortir des piéges dont l'ambition de mon frère m'entoure incessamment.

— Oh! si tu voulais les briser par l'épée, s'écria Gandouin, tu ne serais pas obligé de dénouer avec tant de peines ces intrigues ténébreuses.

Le roi secoua encore lentement la tête, et poussant encore un long soupir, il répondit avec tristesse :

— Non, non, Gandouin, il n'y aura plus de sang versé dans ma famille.

Gandouin fit un geste violent d'impatience; et le roi lui montrant du doigt la porte par où il devait se retirer avec Léon, répondit à ce geste de Gandouin par ces seuls mots:

— Je ne le veux pas, je ne le veux pas.

Presque aussitôt le même chambellan introduisit le jeune homme dont il venait d'être question; et si nous ne rapportons pas ici l'entretien qui eut lieu entre lui et le roi, ni la délibération qui suivit cet entretien et qui eut lieu entre le roi et ses deux ministres, c'est que les événements qui vont suivre en instruiront suffisamment le lecteur.

V.

Le premier château.

Avant de le faire pénétrer chez le comte Bold, avant de raconter ce qui s'y passa, nous devons dire quel était le château dans lequel se rendaient le prince Euric et les nobles Visigoths qu'il y avait appelés. Depuis longtemps les hommes arrivés à un pouvoir éminent au milieu des révolutions violentes et rapides qui se succédaient dans l'empire romain, avaient senti le besoin de se créer des asiles où ils pussent se défendre dans les jours de mauvaise fortune. Stilicon, ce grand maître de la milice sous Honoré, souverain de l'armée, sous un empereur qui laissait à l'armée le gouvernement de l'empire; Stilicon, disons-nous, et Aëtius son successeur, furent les premiers qui, sous prétexte de se créer des résidences de plaisir, se bâtirent des forteresses où ils pussent échapper, soit aux dangers d'une révolte, soit à ceux d'une disgrace [20].

Il n'est pas inutile de constater ce fait à l'époque dont nous parlons, pour montrer que, lorsque la féodalité s'enferma ainsi dans des châteaux forts, quelques siècles plus tard, elle suivit une coutume déjà établie parmi les hommes puissants.

Le château du comte Bold était construit sur une hauteur qui dominait une riche campagne: il l'était avec cette magnificence qui accompagnait alors les moindres monuments. Le mur extérieur se composait de larges pierres soigneusement taillées; ces pierres étaient unies par des ligatures d'airain et de fer qui couvraient les lignes de jonction [21], et semblaient ainsi envelopper toute la construction d'un réseau brillant, tandis que les petits fleurons qui rattachaient toutes ces bandes de fer aux endroits où les lignes verticales se joignaient aux lignes horizontales, pouvaient se comparer aux nœuds de ce filet de métal.

Après cette première enceinte, il s'en élevait une seconde moins soigneusement construite et dans laquelle le ciment remplaçait l'airain. L'intervalle de ces deux enceintes était comblé de terre battue avec force, de façon que le rempart, ainsi construit, avait souvent une épaisseur de vingt et même de trente pieds. Ces murs n'étaient point disposés en angles saillants et rentrants, de manière à ce que chaque partie du rempart pût servir à la défense d'une autre, comme cela se pratiquait dans les fortifications élevées en rase campagne, ou dans des lieux d'un abord moins inaccessible [22].

Déjà l'on avait profité dans celui-ci des défenses naturelles offertes par la difficulté du terrain. Ce château n'en était pas moins entouré de fossés profonds, et l'entrée en était protégée par des portes revêtues, les unes de fer, les autres de cuirs épais [23]. Comme on craignait peu, dans un pareil endroit, de voir employer le bélier pour enfoncer ces portes épaisses, on avait dû prévoir que l'incendie serait le moyen qu'on tenterait pour les détruire ; aussi avait-on pratiqué au-dessus de chacune un vaste réservoir plein d'eau tout prêt à s'épancher et à éteindre l'incendie si l'on parvenait à l'allumer [24]. En outre de ce premier obstacle, il existait en arrière de cette porte une herse qui s'abattait et formait une nouvelle défense dans le cas où la première porte n'eût pu résister à l'attaque des assiégeants [25]. Des tours énormes et d'une construction semblable à celle des murs, s'élevaient aux quatre coins de ce château immense, et, de même que les remparts, elles étaient surmontées de parapets [26].

Mais c'est là que s'arrêtait la partie de ce château construite par Maxime Eutrope, préfet des Gaules, qui n'avait pas eu le temps de l'achever. Le comte Bold avait reçu le domaine dont ce château était le centre, dans le partage des terres, et avait fait élever, au milieu de cette vaste enceinte, une maison qui contrastait singulièrement avec la simple richesse de ce monument. Le souvenir de la demeure de ses ancêtres, sans s'être effacé entièrement de la mémoire du comte Bold, n'eût pu lui fournir l'idée d'une construction inconnue dans le pays où il voulait l'édifier, s'il n'eût trouvé, dans un homme appelé Dicenée, l'architecte qui devait satisfaire ses désirs.

Ce Dicenée se disait le descendant d'un fameux Dicenée, philosophe voyageur qui, après avoir longtemps habité l'Égypte, s'était retiré parmi les Goths, à l'époque de la dictature de Sylla; ce vieux Dicenée fut le premier qui enseigna aux Goths les lois de la nature, et importa chez eux l'étude de l'astronomie et de la physique. Changeant, par l'autorité de son génie, les vieilles coutumes de ces peuples, il laissa aux seuls guerriers la distinction d'une longue chevelure, et fit adopter aux prêtres l'usage des thiares [27].

De ce moment, ce qu'on pouvait appeler la noblesse de ce pays avait été divisé en deux classes : les chevelus et les coiffés. L'adoption du christianisme ne changea rien à cette distinction. Les prêtres chrétiens, institués par Ulphile, gardèrent la thiare et l'apportèrent en Italie et dans les Gaules, où les apôtres de la nouvelle foi dédaignaient encore ce somptueux ornement. Les catholiques, après avoir longtemps combattu cet usage, importé par des barbares ariens, l'adoptèrent à leur tour. Et peut-être n'était-il pas sans intérêt de remarquer comment la mitre des prêtres égyptiens n'arriva aux prêtres chrétiens qu'en passant par la nation barbare des Goths.

Du reste, le Dicenée dont nous avons à nous occuper, et qui était au service du comte Bold, justifiait mal de son origine; car il ne pouvait produire, comme tous les nobles Visigoths, une généalogie enfermée dans les vers d'une chanson à laquelle chaque génération ajoutait un couplet[28]. Il n'en était pas moins fort considéré à cause de ses immenses connaissances. Il n'existait pas une contrée qu'il n'eût parcourue, pas un peuple dont il ne pût décrire les mœurs, pas un désert où il n'eût pénétré. Ceux qui prétendaient le connaître, disaient que c'était un Grec d'Athènes qui avait d'abord été maître d'école dans son pays ; puis entrepreneur de bains à Rome. Plus tard, il était devenu directeur d'une troupe de comédiens à Constantinople. Chassé de cette ville par la proscription que la parole de saint Chrysostome avait attirée contre ces sortes de jeux, il avait disparu complétement.

Le comte Bold l'avait reçu dans le partage qu'on avait fait des prisonniers Huns après la défaite d'Attila dans les plaines de Chaalons, car Dicenée faisait partie des esclaves de ce roi, chez lequel il était resté pendant près de dix ans.

Ce fut cet homme qui devint l'architecte du comte Bold pour l'achèvement du château qu'il voulait construire. En effet, Dicenée avait longtemps vécu sur les bords du Borysthène, dans cette ancienne patrie des Visigoths, occupée alors par les Huns, et il avait gardé un souvenir plus récent que celui du comte Bold de l'aspect des habitations de ces peuples à demi civilisés.

Voulant imiter leurs palais de bois décrits par Priscus et construits avec une rare habileté, il éleva vers le ciel ces longues et frêles colonnes formées de plusieurs arbres liés ensemble et unies, au sommet, par des poutres posées en arc-boutant les unes contre les autres; constructions élégantes et durables, que le luxe des riches chargeait des sculptures les plus délicates. Mais, par un effet digne de l'esprit entreprenant de cet homme, il osa tenter de plier la pierre à prendre ces configurations jusque-là inconnues; et, pour la première fois, grâce à l'obstination de Dicenée et à l'habileté avec laquelle les ouvriers, esclaves de la Gaule, surent exécuter ses volontés, on vit s'élever, au centre d'un mur romain, un édifice où l'ogive et le pilier gothiques remplacèrent le plein-cintre et la colonne antiques [29].

Au moment où est arrivé ce récit, c'est-à-dire

deux jours après celui où les scènes que nous avons rapportées s'étaient passées sous le chêne royal et dans le palais de Théodoric, un tumulte considérable avait lieu dans l'enceinte du château. De toutes parts, les serviteurs s'empressaient, les provisions arrivaient, et il était facile de voir qu'on attendait un grand nombre de personnes, soit pour une fête, soit pour tout autre sujet. Une vaste salle, qui occupait une partie du monument intérieur, était disposée pour une assemblée ; des bancs, couverts de tapis, longeaient les murs, et à l'extrémité on avait placé un siége plus élevé, pour le maître de la maison. Dans une autre salle on remarquait les apprêts d'un festin ; et dans la cour, c'est-à-dire dans l'espace libre entre le mur d'enceinte et le lieu d'habitation, une table avait été dressée pour les esclaves et les serviteurs des nobles Visigoths qu'on attendait.

Toutefois, si on eût remarqué la préoccupation sinistre avec laquelle le comte Bold présidait à ces préparatifs, on eût pu facilement deviner que ce n'était pas pour une fête qu'il attendait tant de convives, quoique ce fût le motif qu'il avait donné à ces apprêts. Depuis longtemps il se promenait soucieusement dans l'enceinte intérieure comprise entre la muraille et le château; sa fille Alidah l'observait avec inquiétude, lorsque tout à coup un cavalier entra suivi de quatre ou cinq soldats. Le comte Bold recula épouvanté; et le nouveau venu s'étant avancé et ayant demandé s'il n'était pas attendu :

— Au contraire! s'écria Bold, mais pas si tôt, et surtout d'une manière si inopinée.

Puis, se tournant vers sa fille, il lui dit :

— Pourquoi Falrik n'est-il pas à son poste, et pourquoi son cor ne m'a-t-il pas averti de la venue du brave Hunieric?

— Falrik prépare les chants dont il doit égayer votre festin[30]; et vous savez, mon père, que lorsqu'il est saisi de l'esprit d'inspiration on ne peut obtenir de lui aucun service.

— Tu as raison, ma fille, et cependant il ne faut pas que nous soyons surpris ainsi à l'improviste; d'ailleurs le festin n'aura pas besoin de chants joyeux et......

— Comte Bold, dit Hunieric, nous sommes ici pour une fête, et un festin sans chants serait d'un fâcheux présage ; d'ailleurs, ajouta-t-il plus bas, vous devez avoir, sans doute, quelqu'un de plus sûr que votre chanteur dont l'inspiration troublerait sans doute la mémoire ?

— C'est vrai, répondit Bold, et toi seule, ma fille, peux remplir ce devoir avec exactitude.

La jeune fille laissa percer un mouvement d'humeur.

— Allons! lui dit son père, est-ce parce que Firmin t'a dit que le cor meurtrissait tes lèvres roses, que tu crains de m'obéir?... N'as-tu pas entendu le prince Euric en vanter la fraîcheur lorsqu'il est venu il y a peu de jours?.....

— Et viendra-t-il aujourd'hui? dit-elle avec inquiétude.

— Je l'attends ainsi que Firmin.

— Tous les deux ! reprit Alidah avec étonnement et tristesse.

— Tous les deux. Sois exacte. Pour toi il y

va du bonheur, et pour moi peut-être de la vie.

Et d'un geste, où il y avait plus de prière que de commandement, Bold indiqua à sa fille la porte de la tour la plus élevée; elle en prit le chemin en réfléchissant sur la singularité qui réunissait, dans une même fête, le prince Euric et le jeune Firmin.

Au moment où elle gagnait le pied de la tour, Bold entraîna Hunieric dans l'intérieur du château, et Firmin parut à la porte extérieure. Il était, dès longtemps, connu des esclaves du comte Bold, et aucun ne fut étonné de le voir suivre Alidah dans la tour où elle montait déjà.

Alidah pouvait avoir seize ans tout au plus, et Firmin, à peine plus âgé en apparence, avait atteint sa vingtième année. La jeune fille portait un vêtement que nous appellerons une robe, parce qu'il servait à une femme, mais qui mériterait plutôt le nom de justaucorps. En effet, il ne faisait pas le moindre pli sur la poitrine ni sur les épaules; les manches étaient justes, et ce n'était qu'à la hauteur des hanches que la jupe, qui tenait à ce vêtement, prenait une ampleur considérable ; aucune ceinture ne cachait l'endroit de cette jonction, et une sorte de scapulaire en fourrure descendait, par devant et par derrière, sur ce singulier vêtement. Alidah avait la tête nue ; mais les cheveux, au lieu d'être relevés sur son front, pendaient sur ses épaules, divisés en tresses mêlées de joyaux. Ils étaient d'un blond si doux, qu'il fallait toute la suave fraîcheur de cette jeune fille et la blancheur lactée de son teint pour qu'ils ne parussent point trop pâles. Quoique ses cheveux, ainsi que nous l'avons dit, fussent réunis en longues tresses, ceux qui partaient de la naissance du front et des tempes se trouvaient trop courts pour y être enfermés : ils voltigeaient donc, comme une auréole dorée, autour du visage d'Alidah, et lui prêtaient un aspect si léger, si vaporeux, qu'il était impossible de la voir sans en être frappé. C'était une grâce insaisissable, une ténuité de traits qui semblait échapper à la description ; enfin, lorsqu'elle levait ses longues paupières et qu'elle répandait autour d'elle son regard bleu et limpide, on l'admirait en la contemplant, sans pouvoir dire comment elle était belle; car, à cette époque, les peintres n'avaient pas encore trouvé une forme si suave pour les anges, et les hommes n'avaient pas non plus pris le nom des anges au ciel pour le donner à une femme, si belle qu'elle fût.

Le vêtement de la jeune fille annonçait, ainsi que la blancheur de son teint et la couleur de ses cheveux, qu'elle était de ces races scandinaves d'où les Visigoths tiraient leur origine [31]; et certes jamais visage plus doux et plus noble n'eût pu être donné aux premières divinités de ces peuples, aux blanches valkiries qui enlevaient du combat les guerriers morts avec courage [32].

Il n'en était pas de même de Firmin. Sa peau blanche, ses cheveux blonds, semblaient dire qu'il était de la même nation que sa jeune et belle compagne; mais son costume le faisait reconnaître pour un Romain. Il parlait d'une voix grave et mesurée, et il semblait qu'il eût pris l'habitude de cadencer ses paroles et de régler tous ses mouvements. Ainsi, au moment où il était arrivé au sommet de la tour où la jeune fille se trouvait avant lui, il s'était arrêté pour rajuster ses vêtements et réparer le désordre de ses cheveux ; il s'était approché d'elle avec lenteur ; son visage, d'abord soucieux, était devenu riant ; mais un observateur plus habile ou moins intéressé qu'Alidah eût deviné l'inquiétude que cachait cette affectation de légèreté.

— Quel Dieu ennemi de la beauté de mon Alidah, dit-il, l'a conduite à cette heure sous un soleil si ardent, sans abri pour protéger sa jeune tête !

— Ce n'est point un Dieu ennemi, Firmin, répondit Alidah, qui s'était élancée avec une joie d'enfant vers le jeune Romain, et qui réprima le cri de bonheur qu'elle avait jeté à son aspect, en remarquant l'air moqueur qu'il affectait ; ce n'est pas un Dieu ennemi, reprit-elle avec froideur, c'est l'ordre de mon père.

— Ton père est rude d'appliquer à une jeune fille la punition militaire décrétée par le troisième édit de l'empereur Auguste [33], et de t'imposer une garde qui serait même fatigante pour un vétéran. Il faut désobéir à ton père, Alidah !

— Hélas! tu ne m'as que trop appris à lui désobéir, reprit-elle avec tristesse; qu'il retrouve au moins dans mon empressement à satisfaire ses moindres désirs, sa fille, qu'il croit innocente et que tu as rendue si coupable.

— Alidah, dit Firmin avec plus de tendresse qu'il n'en avait d'abord montré, notre union ne sera-t-elle pas bientôt bénie par un prêtre, et peux-tu regretter une désobéissance qui t'a donnée à mon amour?

— Je puis trembler de ce que j'ai fait sans le regretter, répondit Alidah.

— Eh bien! calme ces vaines craintes qui te poursuivent, car tout ce qui te semble coupable aujourd'hui, demain sera légitime; tout ce qui est caché sera bientôt avoué.

— Qui te le fait supposer, Firmin?

— Un message assez extraordinaire que le comte Bold, ton père, m'a envoyé il y a quelques heures.

— Quel message?

— Oh! dit Firmin en reprenant son air sombre et son expression amère, un message bien digne de ton père.

— Mon père n'en peut envoyer qui ne soit digne de ton respect.

— Oui, reprit Firmin, le noble comte Bold mérite bien mon respect : en effet, quand on est pauvre et qu'on n'a qu'un trésor, il est juste de l'offrir à celui qui peut l'acheter à plus haut prix, de le présenter à celui-ci, de le laisser espérer à celui-là. Les marchands de belles esclaves et les ambitieux s'entendent merveilleusement à ce commerce.

— Firmin, que signifient ces paroles?

— Alidah, s'écria le jeune homme en la contemplant avec un regard qui semblait à la fois lui promettre l'adoration d'un amant et la protection d'un père; Alidah, pauvre enfant! ah! je te sauverai!

— Tu connais donc le danger qui nous menace? tu sais que le prince Euric...

— Oui, reprit Firmin, que ce nom rendit à la colère cachée qui semblait l'agiter; oui, je crois qu'il est question du prince Euric dans ce message.

— Et que dit-il?

— Il m'est arrivé singulièrement, reprit Firmin en froissant dans ses mains le parchemin écrit, et en lisant avec attention sur le visage d'Alidah l'attente et la curiosité qu'il excitait à plaisir. Il m'est arrivé singulièrement. Je sortais du bain, et je prenais l'exercice salutaire de la promenade sous le portique, écoutant mon tuteur Attale, qui s'occupait à faire chanter en chœur, à des esclaves grecs, les poésies fescéninnes faites par Claudien en l'honneur du mariage de l'empereur Valentinien III [34]. Elles sont véritablement dignes du sujet, et jamais on n'a peint avec plus de génie les délices de l'amour et les transports d'un époux à peine sorti de l'enfance, poursuivant une épouse d'une beauté achevée. Alidah, veux-tu que je te les dise.

— Non, Firmin, répondit Alidah en devenant

rouge, et presque humiliée; non, ce que je veux que tu me dises, c'est le message de mon père.

— Tu as raison, je vais te l'apprendre. J'étais donc à me promener après le bain, lorsque les chants d'Attale furent tout à coup suspendus par l'annonce d'un messager du comte Bold. Aussitôt, je vois entrer un monstre horrible, un monstre comme je souhaite que tu n'en aies jamais vu, s'il est vrai, comme tu me l'as dit, que déjà notre amour ait besoin d'être placé sous la protection de Lucine. Car il serait affreux que le fils de la plus blonde des Vénus, comme dit le prince Euric, eût les cheveux d'un rouge sanglant et les yeux verts et louches de ce nain difforme.

— Quoi! reprit vivement Alidah, c'était un nain, un bouffon, le bouffon du prince Euric?

— Je ne le connais pas, moi; c'est le premier message qu'il m'apportait... à moi..., et j'ignore s'il appartient à ce barbare Visigoth, mais je ne doute point que ce ne soit un bouffon par la manière dont il a parlé à mon tuteur. Il n'a cessé de l'appeler César, divin empereur, maître du monde, comme on le nommait autrefois, quand un caprice d'Alaric le tira des rangs les plus obscurs pour le faire empereur durant quelques mois; mais ce qui augmentait le ridicule de cette scène, c'est que le malheureux vieillard recevait avec une joie et une vanité que tu ne peux t'imaginer, les louanges ironiques et les respects insolents du bouffon. Quant à moi, j'en riais de tout mon cœur, et j'aurais voulu que tu fusses présente pour t'en réjouir avec moi.

— Et qu'est-il venu te dire à toi, ce bouffon? reprit Alidah avec une impatience marquée.

— Il ne m'a point parlé, bien qu'il m'ait long-temps considéré avec une attention qui eût fini par me déplaire si je ne savais que pour ces êtres disgraciés il y a une certaine curiosité plus forte qu'eux, qui les pousse à examiner attentivement ceux que la nature a doués de quelque beauté.

— Firmin! s'écria Alidah, au nom du ciel, qu'est venu te dire ce bouffon?

— Il est venu me remettre cette lettre de la part du comte Bold.

— Et que contient-elle? donne...

Au moment où Alidah allait s'en emparer, Firmin la retint encore et ajouta, comme s'il eût voulu faire éclater l'impatience de la jeune fille en la contrariant :

— Sais-tu qu'il est fort heureux que le comte Bold, ton père, ne soit pas, comme la plupart de ceux de sa race, ignorant des belles-lettres romaines et grecques, car s'il m'eût écrit avec ces caractères bizarres que Ulphile [35], l'évêque arien, a inventés pour écrire votre langue, jamais je n'aurais pu m'y reconnaître.

— Firmin, Firmin, s'écria Alidah avec désespoir, pourquoi me traiter ainsi? l'ai-je mérité, moi? ou, si mon père t'a blessé par son message, en suis-je coupable? O mon Dieu! reprit-elle en levant aux cieux des yeux ombragés de larmes, n'est-ce pas assez de mes fautes, et m'en punissez-vous déjà à ce point qu'il me faille douter de l'amour qui me les a fait commettre!

— Oh! s'écria Firmin à son tour avec explosion, ne doute pas de cet amour, Alidah, sur ton âme n'en doute pas. Il faut que tu y croies, il faut que tu saches bien que c'est un amour qui peut tout perdre plutôt que t'abandonner, un amour qui pour toi, mon Alidah, pourrait obtenir la gloire, la puissance, la renommée; un amour qui pour toi, mon Alidah, a pu braver l'infamie, le remords, la honte. Oh! si tu ne croyais pas que je t'aime ainsi, que deviendrais-je donc... que serais-je... Alidah... va... va... Alidah, je t'aime.

Firmin détourna la tête pendant qu'Alidah lui disait doucement :

— Oh! pardonne, Firmin, pardonne.

— Tiens, tiens, dit celui-ci en s'éloignant pour cacher des larmes qui roulaient dans ses yeux, le voilà, le message de ton père...

Alidah le prit et se mit à le lire.

« Que Firmin se rende aujourd'hui dans ma demeure : il pourra décider lui-même s'il est digne de la faveur qu'il m'a demandée, en la disputant à un rival sur lequel il lui sera facile de l'emporter. Qu'il ose enfin révéler le secret important que ses paroles m'ont fait soupçonner. Jamais plus belle occasion ne se sera offerte à lui; car il sera en présence des plus nobles et des plus puissants de notre nation. »

— Et qu'est ce secret? dit Alidah.

— Ma foi, j'ignore celui que ton père semble attendre de moi, reprit Firmin, qui semblait s'être armé d'une sorte de gaieté douloureuse contre la pensée intérieure qui l'obsédait; mais je suis bien sûr qu'il en apprendra un aujourd'hui auquel il ne s'attend pas.

— L'as-tu du moins instruit de ton arrivée? dit Alidah, que le ton amer de Firmin affligeait cruellement.

— Je me suis bien donné de garde de la lui apprendre, répliqua Firmin tout-à-fait revenu à son expression légère et railleuse. Il m'eût encore poursuivi probablement de ses éternels récits sur la gloire des Visigoths; il m'eût raconté l'illustration de la famille des Amales et de la famille des Baltes, exclues du trône par les intrigues de la race moins noble de Théodoric Ier.

— Firmin, au nom du ciel, songe à notre situation! s'écria Alidah; songe que bientôt mon père découvrira que je suis une fille criminelle devant lui sinon devant Dieu, car le prêtre qui doit bénir notre union a favorisé ma désobéissance; songe qu'il se présente une occasion de parler à mon père. Lui-même t'attend, sans doute, pour te confier quelque important secret; et tu le fuis, sous le prétexte d'échapper à un moment d'ennui. Firmin, est-ce là ce que tu m'avais promis?

Elle leva les yeux au ciel, comme si elle eût mentalement ajouté : — Est-ce là ce que j'avais espéré?

— Allons, calme-toi, mon Alidah, repartit Firmin d'un ton plus sérieux; puis il ajouta avec une tristesse qui s'alliait mal à l'heureuse nouvelle qu'il annonçait:

— Si je ne demande pas ta main à ton père, c'est qu'il recevra aujourd'hui cette demande d'une volonté à laquelle il ne pourra la refuser.

— Mais tu n'as pas pensé à ce que peut être ce rival, sur lequel il faudra que tu l'emportes.

— Crois-moi, on ne refuse rien à l'homme qui me protége, dit Firmin avec un ton d'amer désespoir.

— Ignores-tu que le prince Euric vient ici? dit Alidah.

— Que peut t'offrir le prince Euric? repartit Firmin avec une expression cruelle et insolente; de l'or, des richesses. Ton père préférera un trône.

— Ah, mon Dieu! protégez-nous! s'écria Alidah, presque désespérée par le ton singulier de Firmin;

Et comme il souriait amèrement en la regardant.

— Ta raison s'égare, reprit-elle; oublies-tu que c'est aujourd'hui qu'il faut parler, que les hôtes de mon père vont arriver, et que le prince sera du nombre?

— Tu en es sûre? dit Firmin.

— Hélas! mon père m'a placée sur cette tour pour lui annoncer leur venue.

— Et par quel moyen?

— En sonnant de ce cor d'argent, toutes les fois qu'il paraîtra quelqu'un à l'horizon.

— Le moyen est neuf et singulier, prête-moi ce cor, que je l'examine.

Il prit le cor et s'amusa à en tirer des sons qu'il variait avec art.

— Quelle folie, quel caprice en un pareil moment! s'écria Alidah. Firmin, qu'as-tu, mon Firmin, mon amour? Firmin, tu es dans un de ces jours où l'on dirait que ton âme est absente de toi même; ah! tu n'es plus celui qui agitait devant moi de si nobles espérances de gloire que mes yeux en furent éblouis; tu n'es plus celui qui rêvait une si haute destinée. Oh! mon Firmin, qu'es-tu devenu?

— Alidah, je suis devenu ton amant, dit Firmin, en riant tristement, n'est-ce pas une assez belle destinée?

Alidah se tut, honteuse et presque indignée.

— Voilà, ce me semble, une cavalcade qui arrive du côté de Toulouse, dit Firmin.

— Déjà? reprit-elle.

Puis, songeant qu'il lui fallait obéir à son père, elle reprit:

— Je reconnais le vénérable Guildin et ses deux fils. Donne-moi ce cor, que je les annonce.

— Un coup de cor suffit pour chacun, dit Firmin, malgré leur suite nombreuse. Ils auront beau faire, les esclaves ne leur tiendront pas lieu d'ancêtres.

Il sonna trois fois du cor, et Alidah le regarda avec étonnement.

— Qui t'a appris cette distinction de nos rangs?

— Et quelle brute ne finirait par la retenir, lorsqu'elle a le bonheur de voir ton père tous les jours. Il me l'a mille fois contée. Ah! voici d'un autre côté, une basterne traînée par des bœufs; vois comme ils vont lentement, Alidah. Cependant ils arriveront presque aussitôt que les bons coursiers de Guildin ; c'est qu'ils ont pris le chemin le plus court et qu'ils sont partis à temps; si je ne me trompe, c'est Garpt.

— Qui te le fait supposer?

— Je le reconnais au luxe de sa basterne fermée [30], dont le vent agite les rideaux de soie et dont le soleil fait luire la pierre transparente qui ferme la portière. Nul autre que lui n'est assez riche pour étaler un pareil luxe; pas même le prince Euric, ce redoutable rival qui fait publier son mariage avec une fille maure pour cacher son union avec une noble Visigothe. La connais-tu, Alidah?

Firmin prononça ces paroles avec une expression de haine et de mépris, dont un moment avant on l'eût pu croire incapable. Aussitôt il sonna du cor avec force et en prolongeant le son de toute son haleine.

— J'espère, reprit-il, en s'adressant à Alidah qui le regardait avec étonnement, que le beau Garpt sera satisfait. Quelque longue que soit la suite de ses aïeux, il aura eu le temps de la réciter trois fois durant le son prolongé que je lui ai accordé.

Pendant que Firmin parlait ainsi, Alidah le regardait comme si elle cherchait encore à deviner l'âme de l'homme à qui elle s'était donnée; tremblante et confiante à la fois, elle ne pouvait concilier l'affectation de ses paroles avec les élans de colère et de fierté qu'il laissait parfois échapper, et elle ne savait comment expliquer la nonchalance apparente de sa vie avec le succès qui suivait presque toujours les résolutions qu'il prenait. Un singulier prestige entourait ce jeune homme. Frivole jusqu'au ridicule, il y avait des heures où il semblait avoir épuisé la vie dans les études les plus sérieuses. Il avait toutes les affectations et tous les défauts de la jeunesse romaine; défauts qui déplaisaient au comte Bold, à plus d'un titre, et cependant il était le favori du vieux comte. En effet, le vieux Visigoth ne considérait comme des hommes que ceux dont le corps était rompu à la fatigue des armes; cependant il supportait toutes les plaisanteries de Firmin et souffrait ses airs impertinents et sa parure affectée. On l'entendait sans cesse se récrier contre la facilité des mœurs romaines, qui permettaient aux femmes des entretiens fréquents avec les hommes, et il semblait oublier à plaisir de surveiller par sa présence les nombreuses entrevues d'Alidah et de Firmin. On ne saurait dire si cette condescendance, ce respect même avait une cause particulière à Firmin, ou si c'était seulement un reste de cette vénération que tous les peuples avaient conservée pour ce grand nom de Rome. Dans cette révolution des nations esclaves contre Rome souveraine, il se passa quelque chose de ce qui arriva dans notre révolution d'il y a cinquante ans, faite par le peuple contre la royauté. Ville souveraine et royauté, abîmées toutes deux, toutes deux massacrées et dévastées, elles inspirèrent toujours à leurs vainqueurs un respect et un effroi auxquels ils n'échappaient que dans les heures de destruction. Alors l'ivresse du sang versé, le tumulte des villes détruites, le bouleversement de tout ce qui était, étourdissait ces barbares et leur donnait la force de tuer; mais quand ces heures étaient passées, ils se trouvaient petits devant ces hommes qu'ils avaient vaincus, et la tente de bois qu'ils élevaient se tapissait à l'abri de quelque ruine qu'ils avaient faite.

Le comte Bold aimait-il Firmin, ou éprouvait-il seulement pour lui ce sentiment général que nous avons cherché à expliquer? C'est ce que nous découvrirons plus tard; mais toutes ces pensées venaient à l'esprit d'Alidah, pendant que Firmin annonçait les guerriers qui entraient successivement dans le château, quand tout à coup il s'écria :

Regarde, Alidah, c'est le cas de montrer tout mon talent à sonner de cet instrument; car voici un hôte pour lequel il faut une belle et longue fanfare.

— Quel est donc cet hôte? reprit Alidah, en regardant au loin, ce ne peut être un personnage de haut rang : un seul cavalier le suit; ses armes ne sont resplendissantes ni d'or ni de pierreries, et le cheval qui le porte semble devoir expirer de fatigue à la porte de notre maison.

— Tu ne le connais pas, Alidah? Comment! tu ne connais pas l'illustre rival que ton père veut m'opposer, le voluptueux et élégant Euric?

— Quoi! c'est lui? dit Alidah en se penchant vivement sur le bord de la tour pour l'apercevoir.

Firmin la saisit rudement, et la fit reculer avec une violence qui épouvanta Alidah.

— Ne te penche pas ainsi vers lui; car il n'a pas les bras assez forts pour te recevoir si tu venais à tomber, et pour t'empêcher de te briser la tête sur les pierres du chemin. Heureusement que j'ai la main assez vigoureuse pour prévenir ta chute. Maintenant que tu lui as rendu le salut gracieux qu'il t'a adressé, il faut que j'annonce son entrée au château.

Firmin fit aussitôt retentir les airs des accents nombreux et prolongés de son cor, et Euric disparut sous la porte où le comte Bold se trouvait pour le recevoir.

— Et toi, ne vas-tu pas dans cette assemblée, Firmin? ajouta Alidah en l'implorant à la fois du geste et du regard, mon père t'y a appelé. Firmin, il est temps.

— Pas encore, Alidah! pas encore. Quand il sera temps que j'entre, la fanfare qui m'annoncera éclatera avec fracas parmi cette foule de guerriers terribles, et les fera se serrer les uns contre les autres comme un troupeau de bétail qui entend gronder la foudre. Encore quelques heures, Alidah, encore quelques jours, et tu verras s'il est un rival sur lequel je n'ose l'emporter ; ce rival fût-il plus puissant que le prince Euric.

— Oh! te voilà, Firmin, tel que je t'ai connu, te voilà comme mon père m'a permis de t'aimer.

Firmin ne répondit pas, et s'appuyant pensivement sur le bord de la tour il considéra le tumulte que faisaient en bas les esclaves et les serviteurs des Visigoths.

— Vois, dit-il, Alidah, vois tous ces hommes qui se pressent à qui aura la meilleure place au banquet que ton père a fait préparer en plein air. Regarde ceux que la nature a doués de la force et du courage, ils s'avancent en renversant les imprudents qui s'opposent à leur passage; il semble qu'ils vont arriver; mais voilà deux de ces fiers antagonistes qui se rencontrent; ils se mesurent du regard, ils s'insultent; ils sont prêts à en venir aux mains. Fais attention aux faibles et aux lâches qui s'interposent pour prévenir une querelle et apaiser ces deux héros; les brutes oublient ce qu'ils convoitaient avec tant d'avidité : pendant ce temps, un misérable et hideux bouffon s'est glissé jusqu'à la table et dévore en ricanant les meilleurs morceaux. Eh bien, ce que tu vois à tes pieds parmi ce troupeau d'esclaves, doit se passer probablement de la même manière dans l'assemblée où sont réunis tous vos nobles Visigoths. Parmi eux il y a probablement aussi des hommes braves et résolus qui se croient chacun le droit de commander et qui sont prêts à défendre ce droit de leur vie; et pendant ce temps, un vil bouffon se glisse entre leurs épées et s'empare de la place qu'ils se disputent. Mais l'heure est venue où je dois empêcher le plus méprisable des deux histrions de se jouer ainsi d'hommes qui le valent mille fois.

Après avoir ainsi parlé, il dirigea ses yeux vers l'horizon du côté ou s'élevait une tour isolée, et y attacha longtemps ses regards. Cette tour surmontée d'une croix servait de refuge à quelques pieux anachorètes qui vivaient retirés du monde, sous la direction du moine Barthélemi. Après l'avoir longtemps considérée, Firmin reprit.

— Rien encore! leur rêve sera plus long que je ne pensais. Je l'ai cependant bien averti. Le soleil marque déjà la septième heure, et il n'a point paru. Honte à sa pusillanimité! Lorsqu'il pouvait surprendre ici ses ennemis au milieu de leurs complots et les anéantir, il recule devant quelques gouttes de sang.

— Firmin, dit Alidah, en suivant la direction des regards de son amant, tes discours sont d'un insensé, ou d'un traître. Tu sais mieux que moi ce qui se passe dans ce château; et, si j'ose te comprendre, tu as vendu à quelqu'un le secret de cette réunion.

— C'est vrai, repartit Firmin avec rage, et

l'heure est venue où, pour mon châtiment, tu devais me reprocher de l'avoir fait; insensé, qui ai préféré ta vie à mon honneur! misérable, qui me suis sali pour te garder pure; oui, je suis un traître, Alidah, un traître!

A peine avait-il achevé ces paroles que la croix qu'il observait au loin fit rapidement mouvoir ses bras immenses [37].

— C'est lui, c'est lui! s'écria vivement Firmin, en portant son cor à ses lèvres. — Pas encore, reprit-il tout bas, pas encore, il faut que sa présence leur arrive en même temps que le bruit de cet instrument.

Il attendit immobile, l'œil fixé sur l'horizon.

Enfin on vit paraître au loin une troupe de cavaliers, et Alidah, épouvantée de la colère que Firmin venait de lui montrer, lui dit timidement :

— Voilà de nouveaux hôtes; il est temps d'avertir.

— Pas encore.

— Mais mon père m'a ordonné de ne laisser approcher nul étranger sans qu'il en soit instruit, et s'il m'a confié ce soin, c'est qu'il compte sur mon exactitude.

— Il est donc bien important que cet avis lui soit donné?

— Si important, dit Alidah, que si tu tardes plus longtemps je vais l'avertir moi-même; rends-moi ce cor.

Elle essaya de s'en emparer; mais Firmin le retint et lui répondit, en lui lançant un regard sévère:

— Pas encore, t'ai-je dit.

— Firmin, reprit Alidah, il faudra donc que je descende et que je pénètre dans cette assemblée.

— Tu ne descendras pas, Alidah.

— Mon père m'a ordonné de l'avertir.

— Demeure, tu n'auras pas longtemps à attendre, demeure.

Alidah se pencha vers le bord de la tour, en criant :

— Mon père! mon père!

— Cesse tes cris, reprit Firmin ; voilà notre bonheur qui s'avance.

Et, après lui avoir jeté un coup d'œil où une tendre pitié se mêlait à la colère, il prit son cor et fit retentir les airs d'accents vifs et prolongés. Presqu'au même instant Théodoric arriva à l'entrée du château ; et lorsque les nombreux Visigoths, rassemblés dans une salle immense, se demandaient quel nouvel hôte on leur annonçait de cette manière, la porte s'ouvrit, et Théodoric parut suivi seulement de son écuyer, qui tenait à la main son arc enfermé dans un étui [38].

Son apparition sembla les terrifier tous, à l'exception d'Euric, qui, debout devant le siége qu'il occupait, avait été interrompu dans le discours qu'il prononçait à ce moment.

Mais pour l'intelligence de la scène qui va suivre, il est nécessaire de rapporter ici les paroles d'Euric.

VI.

Les Deux Frères.

Comme Firmin l'avait deviné, Euric s'était emparé de la première place dans l'assemblée, en dépit des prétentions de quelques rivaux, et notamment, malgré les droits de Bold et de Garpt. Il est vrai qu'il calma leur ressentiment par des paroles flatteuses pour chacun d'eux; mais ni l'un ni l'autre n'eussent cédé si facilement, s'ils avaient pu prévoir avec quelle perfide adresse Euric saurait combattre et détruire leurs droits avant qu'ils eussent essayé de les établir. Ils le laissèrent donc parler, et voici ce qu'il dit :

— Vous savez trop les raisons qui nous ont réunis dans cette demeure pour qu'il soit nécessaire que je vous les rappelle afin d'exciter votre ressentiment; mais il n'est pas inutile que je vous montre en quel état le gouvernement de Théodoric a réduit les Visigoths, afin que nous trouvions plus aisément le moyen de relever leur gloire déchue. Sans remonter jusqu'à l'époque où nous étions les plus puissants des peuples qui habitaient les bords du Pont-Euxin, je veux vous exposer ce qu'ont fait vos rois depuis que nos divisions, dont les Huns ont si cruellement profité, nous ont forcés de chercher une autre patrie. Alaric, cet illustre successeur de la maison des Baltes [39], a laissé un nom si célèbre que les enfants le connaissent presque aussitôt que celui de leur père. Alaric a conquis l'Italie et comblé les Visigoths des richesses immenses entassées dans cette ville d'or et de marbre qu'on appelle Rome. Alaric mourut trop tôt pour ses projets; mais vous lui donnâtes un successeur qui n'en avait pas conçu de moins nobles; ce fut ton père, comte Bold, ton père Ataulphe, qui, je dois le dire à regret, oublia trop peut-être notre haine pour l'empire romain, lorsqu'il épousa la belle Placidie, la sœur de l'empereur Honoré. Si ce fut une faute contre nos coutumes, ce n'en fut pas une contre sa gloire; et si cet hymen fut impopulaire, au moins il fut illustre. Cependant Ataulphe en subit la peine; et si, malgré ses conquêtes dans les Gaules et dans l'Espagne, il trouva nos pères tout prêts à favoriser la vengeance du Bagaude Vernulph, c'est qu'ils ne voulaient pas que le sang romain se mêlât à celui de la grande famille qui les gouvernait depuis des siècles. C'est qu'Ataulphe manqua à la destinée de notre nation lorsqu'il avoua que, ne pouvant effacer le nom romain, il voulait en relever l'éclat [40], et qu'il quitta l'Italie, qui déjà nous appartenait presque toute entière. Voilà, comte Bold, et je le dis ici pour te justifier du reproche que t'a fait Garpt;

voilà pourquoi, malgré ton courage, ta fortune et ta renommée, la place que tu ambitionnes t'est à jamais interdite.

Le comte Bold voulut se lever et répondre; mais il fut forcé de se rasseoir devant les cris des autres Visigoths, auxquels se mêlaient les rires de Garpt, dont Euric calma bien vite la jalouse satisfaction en reprenant:

— C'est un malheur dont je te plains ; mais ce malheur n'est pas honteux comme celui de l'homme qui a osé te disputer la première place parmi nous, quoique cet homme soit ainsi que toi innocent de la proscription qui le frappe. Garpt, ce n'est pas seulement ta famille qui est devenue indigne de reprendre un rang parmi nous, c'est ta nation tout entière. Le jour où les Ostrogoths se sont mis à la solde des Huns, de ces féroces barbares qui nous ont chassés de notre pays, nos frères se sont à jamais séparés de nous. Toutefois je vous dis trop de choses inutiles, sans doute, et je reviens à nos projets. Après la mort d'Ataulphe assassiné, vous avez élu Sigeric ; mais les Visigoths n'aiment pas plus les lâches tyrans qu'ils n'aiment les lâches romains. Tu dois te rappeler, comte Bold, comment Sigeric fit marcher ta mère Placidie à pied devant son cheval [41]. Tu n'étais déjà plus un enfant, et j'ai souvent entendu dire que tu pleurais pendant que cette noble femme traînait dans la fange la pourpre romaine dont elle était revêtue. Tu pleurais ; c'est d'un bon fils ; mais tu aurais pu te retourner et frapper le tyran.

— J'étais sans armes, s'écria Bold, enchaîné, et...

— Et d'ailleurs, continua Euric, ce supplice ne dura que sept jours, tant que dura le règne de Sigeric ; et les nobles Visigoths prenant pitié de la mère et de son fils, t'en délivrèrent bientôt. Ce fut toi, vénérable Sunieric, toi, brave Gundiac, ce fut ton aïeul, jeune et déjà illustre Rechila, vous tous ou vos nobles pères qui avez payé la nation de ce misérable, et placé Wallia sur le trône.

Le comte Bold frémissait de colère ; et l'on eût trouvé qu'Euric poussait bien loin l'audace de lui rappeler des souvenirs si cruels, d'une manière si outrageante, si l'appel qu'il adressa à la vanité des autres nobles Visigoths n'eût excité parmi eux un mouvement d'orgueil qui leur fit oublier l'insulte que subissait le vieux Bold. Avant que cette émotion fût calmée, Euric reprit rapidement :

— C'est à Wallia que vous devez ce royaume; c'est lui qui vous a donné pour capitale Toulouse, la Rome de la Garonne [42]; et sans doute il avait fait assez pour que le sceptre restât dans sa maison, s'il avait laissé un fils, ou si sa fille n'avait épousé le fameux Ricimer, ce Franc-Suève, aujourd'hui le maître de l'empire sous son misérable empereur. Mais toute alliance étrangère vous est insupportable, et c'est alors que vous avez élu mon pere, l'illustre et vaillant Théodoric; celui qui, défendant Toulouse contre les armées romaines unies aux Alains et aux Francs, resta debout quand les murs étaient tombés, et qui, sollicité par les Huns d'abandonner cette ville, répondit fièrement en frappant le sol de son épée : « Cette terre est à moi, et je la garderai comme royaume ou comme tombe [43]. » Il n'y a pas assez longtemps, compagnons, que cette vie illustre s'est éteinte pour que je vous rappelle ce courage infatigable et cette prudence infaillible qui a rendu le peuple visigoth si puissant. Vous savez comment et lorsque mon père s'apprêtait à venger, sur l'infâme Genseric, l'abominable supplice infligé à ma sœur : vous savez comment il lui fallut aller combattre l'ennemi que son bourreau lui suscita [44]. Cet ennemi a été vaincu, et si l'on pense à ce qu'il était ; si l'on compte les nuées de guerriers qui s'amoncelaient contre la Gaule; si l'on se retrace cette race dévorante qui desséchait les nations sur son passage; si l'on en croit les souvenirs demeurés dans les chants de ces peuples qui ont poussé leur domination jusque dans des royaumes dont la vaste ambition romaine n'a pu apprendre que le nom ; si l'on ose se figurer cette multitude venue des déserts de la Tartarie et grossie de tous les peuples qu'elle poussait devant elle ou traînait à sa suite; si l'on songe enfin que cet ennemi s'appelait Attila, il faudra reconnaître que c'était un grand courage que celui qui ne balança pas à le combattre, lorsqu'il pouvait, comme les tiens, noble Garpt, accepter sa protection et devenir son favori. Mais Théodoric ne craignit pas les chances d'une bataille, et Attila fut vaincu. Il le fut par le courage de mon père, qui osa aller à sa rencontre; par la valeur de mon frère Thorismond, qui exécuta près du corps de mon père mort, ce qu'avait médité mon père vivant; car mon père fut tué à la première rencontre de ce long carnage, et il le fut par un des tiens, noble Garpt, par les Ostrogoths, devenus grâce à leur lâcheté les soldats d'Attila et les ennemis de leurs anciens frères.

Euric essuya quelques larmes, voulant laisser à cette accusation contre Garpt le temps de faire l'effet qu'il en attendait, puis il reprit :

— Mon père fut donc tué dans cette terrible bataille où les morts se comptèrent par cent mille, et où cependant le grand Théodoric ne compta que comme un homme mort, tant son fils avait hérité de tout ce qu'il avait de noble, de grand, d'indomptable. Ah! s'il vivait, ce noble frère, ce vaillant Thorismond, nous ne serions pas ici. Nous ne nous demanderions pas ce qu'est devenue la gloire des Visigoths ; car c'est le seul compte que je veuille demander à son meurtrier. Non, non, je ne veux pas vous retracer cette nuit horrible où Thorismond surpris fut assassiné par son frère, par le mien, par notre roi; je ne veux pas mettre ma douleur à la place de vos griefs, mais je dois vous dire ce que nous sommes devenus. Nous sommes devenus les soldats mercenaires des Romains. Vous vous souvenez, n'est-ce pas, de ce moment où le tyran Maxime força Eudoxie, la veuve de Valentinien III, à l'épouser ? vous vous souvenez de l'avenir qui s'ouvrait alors devant nous ? La malheureuse Eudoxie venait d'appeler à son secours le féroce Genseric, qui ne s'était flatté d'échapper à notre vengeance qu'en se réfugiant sur les rives de l'Afrique. Rome était dans la confusion, et Maxime éperdu nous demandait à genoux de le protéger. Ce fut Avitus, le grand maître de la milice, qu'il nous envoya; Avitus, ce guerrier aux paroles flatteuses, qui se vantait d'avoir dompté plus de barbares avec sa langue que Stilicon, son prédécesseur, avec sa pesante épée. Il vint, et pendant qu'il cheminait vers Toulouse, Rome égorgeait Maxime, et Genseric égorgeait Rome [45]. Ah!

c'était alors un beau moment pour les Visigoths. C'était Rome à conquérir, Rome à conquérir sur le barbare Vandale qui avait fait mutiler la fille que le grand Théodoric lui avait donnée pour bru. Le roi Théodoric a-t-il songé à votre gloire? le fils a-t-il vengé la douleur du père? le frère a-t-il puni le bourreau de sa sœur? Non, non, vous le savez aussi bien que moi. Vous étiez tous présents à cette audience où Avitus entra en suppliant, et dans laquelle Théodoric le releva empereur d'Occident. Je ne vous redirai pas l'étrange discours de votre roi, je ne vous le montrerai pas remerciant Avitus, son ancien ami, de lui avoir appris les mœurs romaines, de lui avoir enseigné les vers de Virgile, et de lui avoir fait oublier la barbarie de nos usages[46]. Je ne sais jusqu'à quel point il a répudié son nom et le vôtre, car je quittai cette assemblée lorsque j'en prévis la honteuse issue. Je n'ai pas non plus assisté à cette cérémonie où Théodoric et notre plus jeune frère, l'innocent Frédéric, élevèrent Avitus sur un trône de gazon, lui firent un diadème d'un collier de soldat, et lui assurèrent la soumission et le respect des Visigoths. Votre roi seul osa jurer obéissance à un Romain, et certes il a bien tenu sa parole, nobles compagnons! car les Suèves d'Espagne ayant déplu à notre empereur Avitus, nous avons été vaincre pour Avitus les Suèves d'Espagne. Vous dirai-je les victoires de Théodoric? en quoi vous seraient-elles douces à entendre raconter, puisqu'elles n'ont servi qu'à nos éternels ennemis? Toutefois, lorsque le Franc Suève Ricimer eut déposé l'empereur de Théodoric pour y mettre son empereur à lui, quand Majorien fut revêtu de la pourpre, alors notre roi songea à la puissance des Visigoths, et vous savez comment alors il la défendit. Ce n'est point Rome qu'il voulut conquérir, c'est la misérable cité d'Arles, et la misérable cité d'Arles lui résista, et les deux légions du comte Gilles battirent et dispersèrent l'armée toujours victorieuse des Visigoths: voilà où il nous a réduits. L'Espagne nous échappe, et les Alains nous y remplacent. Le fier Majorien gouverne l'empire et se prépare à nous reprendre cette terre que nous ont assurée la victoire et les traités, tandis que nous restons immobiles au milieu de ces flots de peuples qui se ruent autour de nous et nous enlèvent chaque jour une part de notre territoire. La Narbonnaise première est à notre porte; et sa riche capitale, qu'une marche de deux jours sépare à peine de la nôtre, sert de refuge à tous nos ennemis, sous la protection du courage vieilli de quelques légionnaires fidèles à Majorien et de l'obéissance de notre roi. Voulez-vous que cet état dure plus longtemps?

— Non, non, s'écria-t-on de tous côtés, non, il est temps que la gloire des Visigoths se relève.

— Eh bien, reprit Euric, voici la marche qu'il nous faut suivre....

C'est à ce moment que Théodoric entra dans l'assemblée, qui demeura immobile et stupéfaite à son aspect. Euric lui seul leva sur son frère un regard où il n'y avait qu'une surprise légère comme celle que cause dans un banquet l'arrivée d'un hôte qu'on n'attendait pas. Théodoric, de son côté, ne portait point sur son front la colère d'un monarque qui surprend des sujets révoltés. Il parcourut toute l'assemblée d'un regard rapide, calme et presque bienveillant, et se hâtant de prendre la parole avant que personne eût le temps de réfléchir et de chercher un motif à cette réunion, il dit en souriant :

— En vérité, mes compagnons, vous vous montrez peu jaloux de plaire à votre souverain. Vous êtes, je le sais, de fidèles sujets, des soldats sur qui je puis compter à toute heure et en tout lieu ; mais une fois que vous avez rempli vos devoirs rigoureux envers votre roi, vous vous croyez quittes de tout autre témoignage d'affection, et dès qu'il se présente une occasion de plaisirs, vous vous enfermez à l'écart pour la saisir sans lui, comme s'il ne vous appelait pas à toutes ses fêtes. Plus qu'aucun de vous, vous le savez, je suis amoureux de la chasse ; et lorsque vous en préparez une, qu'on m'a dit devoir être magnifique, je n'y suis point invité ! M'en trouvez-vous indigne, ou quelqu'un de vous pense-t-il que je manque d'adresse à manier l'arc ? On prétend cependant que celui-ci n'a jamais manqué son but.

Et il prit de la main de son écuyer l'arc qu'il avait tiré de son étui ; puis, jouant avec la corde détendue, il ajouta :

— Il a percé plus d'une bête fauve à l'épaisse fourrure, et je crois que la flèche qu'il peut lancer ne s'émousserait pas même sur une cuirasse.

Ces paroles surprirent d'autant plus ceux qui les entendaient, qu'ils ne savaient si Théodoric parlait de bonne foi ou s'il faisait précéder la punition du crime par la raillerie contre les criminels. Mais au moment où chacun se regardait comme pour se consulter, Euric s'écria d'un air de gaieté qui contrastait avec la sombre expression du discours qu'il venait de tenir :

— Béni soit Dieu, mon frère, qui vous fait arriver si à propos, s'il vous convient d'être de la chasse que nous avons préparée, car j'en étais au moment de dire à nos compagnons la manière de la mener à bonne fin.

— Continuez, mon frère, continuez, reprit le roi, en s'asseyant sur une escabelle près de la porte.

Et comme chacun se levait pour lui faire place, il ajouta encore :

— Ne vous dérangez pas, que chacun reste où il est; je suis parfaitement bien sur cette escabelle, quoiqu'à vrai dire je ressemble à un accusé devant ses juges : et peut-être cette position me convient-elle en effet, à moi qu'on a jugé si peu digne de prendre rang parmi tant de hardis chasseurs.

Ces paroles furent prononcées avec un air de courtoisie si railleuse, que l'on commença à comprendre que Théodoric préparait quelque terrible éclat contre les coupables qui étaient devant lui. Une silencieuse terreur, augmentée par le bruit des chevaux et des armes qu'on entendit retentir au dehors, s'empara de toute l'assemblée, qui se rassit sans proférer une parole. Mais Euric, aussi intrépide, aussi calme, que s'il eût vraiment présidé aux préparatifs d'une fête, reprit avec assurance:

— C'est qu'il ne s'agit pas ici d'une chasse ordinaire. Ce n'est pas un cerf dont on peut prévoir d'avance toutes les ruses, un sanglier dont on connaît la brutale résistance quand il est poussé à bout, que nous voulons chasser; c'est un loup cervier, un loup qui fuit lâchement comme le renard, et qui, lorsqu'il a entraîné le chasseur imprudent à sa poursuite, se retourne et le déchire traîtreusement.

— Je comprends, dit Théodoric, qu'il faut un adroit chasseur pour surprendre un tel animal, et je me sens plus désireux que toi-même d'entreprendre cette terrible chasse.

Et, en parlant ainsi, il attachait la corde de son arc et la tendait avec un air d'indifférence qui ne trompa personne. Chacun se tint prêt à se lever de son siége, et plus d'une main chercha furtivement la garde de son épée.

— Mais, reprit Euric, dans ces sortes de chasses, il arrive le plus souvent des hasards heureux. La soif du sang qui anime cette bête féroce l'enivre, l'égare et la précipite quelquefois tête baissée dans le cercle des chasseurs qui la poursuivent.

Un frisson d'attente parcourut l'assemblée, et Théodoric, se levant, dit en regardant son frère en face:

— Et dans ce cas que faut-il faire?

— Dans ce cas, dit Euric, en tirant son épée d'un air farouche, il faut que les chasseurs n'attendent pas les fatales morsures de la bête fauve, car les plus légères donnent la mort; il faut qu'ils s'arment de cette manière de leurs pieux ou de leurs épées, et il faut qu'ils se précipitent tous ensemble sur leur terrible ennemi : il faut...

— Vous vous trompez, mon frère, s'écria Théodoric d'une voix tonnante, l'arc est plus sûr, et voici la façon que je préfère.

Et de son côté, il arma son arc et en dirigea la flèche contre Euric, qui, prêt à s'élancer sur le roi, tressaillit et resta immobile à sa place; son front se couvrit un moment d'une pâleur mortelle, et tous les yeux attachés sur les deux frères attendirent la lutte qui allait s'engager.

— Je crois, continua Théodoric, l'œil et la flèche dirigés vers le prince, je crois que la bête fauve ainsi attaquée périrait plus sûrement;

et s'il vous convient de commencer la chasse, je vous promets de tirer le premier trait.

En moins de temps qu'il n'en fallut au roi pour dire ces paroles, Euric reprit sa tranquillité et remit son épée au fourreau ; puis, du même ton dégagé, il répondit insolemment :

— Je crois qu'aucune bête fauve ne périra aujourd'hui ni par l'épée ni par la flèche.

Théodoric se tut un moment, et répliqua avec l'ironie qu'il avait employée d'abord :

— J'y consens, et j'espère que, par condescendance pour moi, vos braves amis, qui sont aussi les miens, voudront bien remettre à un temps plus éloigné cette chasse si dangereuse. J'espère aussi qu'ils me prêteront un moment d'attention : nous avons à parler d'affaires graves, et nous les traiterons avec quelques amis qui m'ont accompagné, et envers lesquels vous n'aviez pas, à vrai dire, été plus courtois qu'envers moi.

Et, sans attendre de réponse, il ouvrit lui-même la porte de la salle et cria :

— Entrez, entrez, il y a toujours place pour les amis du roi Théodoric dans les assemblées que préside son frère.

Aussitôt une nouvelle troupe de nobles Visigoths, au nombre de vingt à peu près, entrèrent dans la salle et prirent place de côté et d'autre en saluant leurs compagnons, comme si véritablement ils eussent été amenés à une partie de plaisir.

Parmi ces nouveaux venus, on remarquait Gandoin, Léon, le jeune Frédéric, dernier frère de Théodoric, enfant alors à peine âgé de dix-huit ans, et Firmin, qui se rangea avec lui derrière le siége du roi.

Pendant le tumulte de cette entrée, Euric avait quitté sa place et cherchait à sortir de la salle; mais le roi l'ayant aperçu lui dit :

— Pourquoi mon frère abandonne-t-il un siége qu'il a occupé avec tant de succès? je désire qu'il le conserve longtemps avec le même honneur et je l'engage à le reprendre.

Euric, un moment troublé, jeta à son frère un

léger sourire de remerciement, et reprit sa place avec l'air d'insouciance, dont une profonde dissimulation lui avait donné l'habitude. Quant à Théodoric, il demeura un moment silencieux, appuyé sur son grand arc : la tête ainsi penchée, ses longs cheveux flottants lui retombaient sur les cotés du visage et l'enveloppaient comme un voile, tandis que ses yeux fermés laissaient descendre ses longs cils jusque sur ses joues [47]. Singulière beauté des Visigoths, qui était plus remarquable chez Théodoric que chez tout autre. Lorsque le calme se fut rétabli dans l'assemblée, Théodoric releva sa tête, et il fut facile de voir qu'il s'était laissé gagner par une préoccupation grave et profonde; son maintien montrait cependant plus d'affliction que de colère de la scène qui venait de se passer. Mais, presque aussitôt et par un mouvement rapide, il rejeta en arrière ses longs cheveux et sembla secouer à la fois la tristesse de son front et de son cœur, puis, reprenant cette sérénité apparente, attribut de toutes les âmes fortes, il s'adressa à l'assemblée.

—Compagnons, dit-il, vous avez assez longtemps combattu et chacun de vous a remporté assez de victoires pour que vous ignoriez ce qu'il faut, je ne dirai pas de courage, mais de sang-froid, de constance et d'attention pour surveiller toutes les attaques et les repousser, pour ne point se laisser surprendre d'un côté tandis qu'on combat de l'autre, et pour être à la fois présent de son esprit, sinon de son corps, au centre et aux ailes de son armée. C'est une rude tâche que vous avez souvent accomplie et dont vous avez tiré votre gloire; mais il en est une plus rude encore et qui n'est réservée qu'à celui que vous avez jugé digne de vous commander. Celle-ci ne se resserre pas à un champ de quelques milles et à une armée si nombreuse qu'elle soit; celle-ci s'étend d'un bout à l'autre de l'univers et embrasse toutes les nations. Aujourd'hui plus que jamais, elle est devenue pesante et difficile, car c'est l'heure de la grande bataille des peuples. Ce ne sont plus des corps d'armée qu'il faut rallier ou secourir, ce sont des royaumes qui tombent et qu'il faut relever; ce n'est plus une attaque de quelques milliers de soldats qui se découvrent à l'improviste et à laquelle il faut pourvoir, ce sont les projets ambitieux d'une race entière d'ennemis qui se dévoilent tout à coup et qu'il faut arrêter. Lorsque j'ai laissé renverser, par le Franc Ricimer, notre allié Avitus, ce n'est pas que je ne me sentisse la force de maintenir ce que j'avais établi; mais Ricimer m'avait rassuré sur ses projets par le choix même qu'il avait fait : non que je crusse à la modération du barbare, mais je connaissais les nobles vertus de Majorien, je savais que la foi jurée par lui était une foi sacrée, je savais qu'il ne demandait à l'empire que ce qu'il en avait reçu, un partage égal dans cette partie des Gaules où nous avons assis notre demeure. J'étais tranquille, et je prévoyais déjà le jour où la Galice, ravie aux Alains, allait accroître notre royaume. Mais comme, dans une bataille, chaque heure apporte son événement, de même, dans cette immense lutte des peuples les uns contre les autres, chaque jour apporte sa catastrophe. Majorien n'est plus empereur, celui qui l'avait mis à la tête de l'empire l'en a chassé. Je n'ai pas besoin de vous dire que Majorien est mort; vous n'ignorez pas que si les degrés par lesquels on monte au trône partent de la renommée ou de la vertu, ceux par où l'on en descend mènent tous au cercueil.

— Nous savons cela, mon frère, dit Euric d'une voix caustique, et ce malheur n'est point particulier aux empereurs romains.

Théodoric pâlit à son tour devant cette allusion audacieuse à la mort de Thorismond; quelque chose de la noire mélancolie qui s'était emparée de lui le reprit, et il sembla ne pas avoir la force de continuer ; mais ce nuage s'effaça comme celui qui l'avait précédé, et il répondit d'une voix émue :

— Vous avez raison, ce malheur n'est particulier à aucun peuple et il ne le sera peut-être à aucun roi. Mais c'est là une chose que l'avenir décidera, mon frère, et, si rapproché qu'il puisse être de moi, tant que je vivrai, je dois tout ce que j'ai de vie à la défense et à la gloire des Visigoths.

Cette modeste et triste réponse à l'accusation

de son frère toucha les hommes durs et sans pitié qui l'entendirent, et plusieurs voix s'écrièrent :

— Continuez, roi, continuez, le danger est grand et votre main seule peut vous en tirer.

Théodoric reprit aussitôt :

— Majorien n'est plus, et un homme, inconnu même à l'armée qui a renversé Majorien, a été choisi par Ricimer qui s'est fait déclarer patrice. Cet homme s'appelle Sévère, et bien que Ricimer lui ait laissé le nom d'empereur et n'ait pris que celui de père de l'empire [48], c'est le patrice qui commande et l'empereur qui obéit. Tant que Majorien a vécu, on pouvait s'abuser sur l'ambition du Franc qui marchait à son ombre; mais elle perce trop ouvertement aujourd'hui, et les plus aveugles peuvent la reconnaître à travers ce fantôme d'empereur. Cette ambition embrasse le monde en espérance, et nous compte d'avance parmi les vaincus; les paroles orgueilleuses de Ricimer ne l'ont laissé ignorer à personne. Il est vrai que le comte Agrippin et le comte Gilles, qui occupent encore la Gaule depuis le Rhône jusqu'à Narbonne, ont jusqu'à présent refusé de reconnaître ce nouveau chef ; mais nous avons l'expérience de la fidélité romaine et de sa fermeté. Une trahison ou un revers peut livrer demain Narbonne à Ricimer, et les Francs sont à nos portes. Lorsque Majorien n'existe plus, les traités qu'il a signés n'existent plus, et cette province que j'avais juré de respecter, je jure maintenant de la conquérir. Pour notre nation, elle sera un accroissement nécessaire de territoire, pour chacun de vous une source de richesses dont quelques-uns n'ont pas reçu un suffisant partage. Mais pour arriver à ce but, compagnons, ce n'est pas aux préparatifs d'une chasse quelle qu'elle soit, qu'il faut appliquer votre courage ; et je pourrais maintenant vous faire de justes reproches d'oublier, dans des occupations frivoles, le soin de la grandeur de la nation dont vous êtes les premiers.

En ce moment, la voix de Théodoric prit un accent de sévérité qui prouva à tous qu'il connaissait leurs projets, et il continua :

— Vous abandonnerez donc cette fête préparée avec tant de mystère et où je n'avais pas été appelé, pour les nobles combats livrés au grand jour et auxquels je vous appelle.

— Roi, nous sommes prêts à vous suivre, s'écria-t-on de toutes parts.

Puis Théodoric reprit avec le regard bienveillant et le sourire railleur qu'il avait affecté d'abord :

— D'ailleurs j'ai quelques torts à réparer envers plusieurs d'entre vous. Envers toi d'abord, comte Bold. Qu'est-ce donc que cette demeure que tu occupes? c'est une honte qu'un noble guerrier comme toi soit perdu dans ces murs humides et tristes. Je veux te donner une habitation digne de ton grand nom. Narbonne et ses campagnes t'en offriront à choisir qui n'auront pas l'air d'une citadelle. Il semble que tu aies peur, comte Bold; je n'ai pourtant pas habitué mes sujets à craindre les attaques d'aucun ennemi, quand ma sollicitude les défend; et, jusqu'à ce que la province où tu dois trouver ta récompense soit en notre pouvoir, je t'invite à habiter Toulouse, et je t'offre un asile dans un de mes palais.

— Roi, dit le comte Bold, celui-ci me convient, tout sauvage qu'il est.

— Mais il ne me convient pas à moi, reprit sévèrement Théodoric, et je ne veux pas, quand j'aurai besoin de ton appui, être obligé de t'envoyer chercher dans une retraite inaccessible.

Le comte Bold courba la tête, et Théodoric reprit avec un accent encore plus amer, en s'adressant à Garpt.

— Quant à toi, Garpt, que pourrais-je te donner? tu es noble, tu es jeune, tu es riche, tu es beau. Tu possèdes tant d'avantages que la puissance d'aucun roi ne semble pouvoir y rien ajouter; cependant j'ai fait un effort en ta faveur, et ne sachant que t'offrir des trésors de ce monde, ne connaissant rien dont le sort ne t'ait déjà comblé, j'ai cherché ailleurs quelque chose qui te manquât.

— Qu'est-ce donc? dit Garpt en se relevant avec une superbe insolence.

— C'est une vertu.

— Roi, c'est un outrage, même sorti de ta bouche.

— Calme-toi, Garpt, c'est une seule vertu qui te manque parmi celles que tu possèdes, reprit Théodoric en riant, et cette vertu c'est l'économie.

— L'économie! répliqua Garpt du même ton; quand le monarque en a tant, il en reste bien peu pour ses sujets.

— Et c'est pour cela que je désire te donner un peu de cette vertu qui est le plus riche trésor de mon peuple.

— Et comment m'investirez-vous de cette royale faveur ?

— En te priant de licencier aujourd'hui cette troupe de serviteurs maures et alains qui te suivent partout : c'est une foule armée qui doit te coûter bien cher, et dont je me charge désormais.

— Roi, vous ne ferez pas ce que vous dites, s'écria Garpt violemment.

— Noble Garpt, répondit Théodoric avec colère, ce que j'ai dit est fait.

Il fallut que Garpt, poursuivi par les regards railleurs de ses compagnons, courbât la tête comme le comte Bold.

Pendant ce temps, Euric, penché négligemment sur son siége, écoutait en clignant des yeux, ces avertissements sévères donnés si généreusement par Théodoric à ceux qui voulaient le perdre. Tout le monde se taisait, et le roi semblait embarrassé de conclure cette longue conférence par un dernier acte de sa volonté, lorsque Euric, qui l'observait d'un air d'insolente bravade, lui dit en se rejetant au fond de son siége :

— Et moi, mon frère, n'obtiendrai-je rien dans cette royale distribution de vos faveurs ?

— Vous! s'écria Théodoric, dont le visage se colora d'une rougeur causée par l'indignation.

— Moi, reprit Euric en se levant.

L'orage semblait prêt à éclater ; mais il entrait

sans doute dans les sentiments ou dans les calculs de Théodoric de paraître tout pardonner, car il répondit avec froideur, quoique avec amertume :

— En vérité, je serais plus embarrassé encore envers vous, mon frère, qu'envers le noble Garpt. Car si, d'une part, tous les désirs de celui-ci sont satisfaits, je sais que, de l'autre, les vôtres sont insatiables. Et comme je craindrais de ne pas y répondre suffisamment, je vous laisse le choix de votre récompense.

— Il sera tel, j'espère, dit Euric, qu'il satisfera vos désirs comme les miens.

— J'y compte.

— Ce sera le choix d'un homme à qui le sort réserve le bonheur à défaut de gloire, le repos à défaut de pouvoir, et ce choix sera celui d'une épouse.

— Et en quoi pourrais-je m'opposer à ce choix, et comment appelez-vous récompense une liberté que personne ne peut vous disputer?

— Mon frère, lorsque je désire m'allier à une famille dont les droits incontestables à une succession qu'un autre a recueillie sont méconnus par vous et par la nation, je dois craindre qu'on ne mette entrave au droit que j'ai de m'unir à elle.

— Tout droit bien soutenu triomphe toujours parmi nous, mon frère, répondit Théodoric; et si, ajouta-t-il, en regardant le comte Bold, si le noble Visigoth dont vous parlez veut faire valoir les siens, nous sommes prêts à les discuter.

— Il n'est pas temps encore, dit Euric avec audace.

— Ou peut-être n'est-il plus temps! s'écria Théodoric à qui la colère revenait sans cesse au cœur comme un ressort mal comprimé sur lequel il lui fallait poser toujours la main.

Mais, comme si une pensée oubliée était venue tout à coup dissiper cet orage, Théodoric reprit encore une fois son calme; puis ayant jeté un regard furtif sur Firmin, qui était derrière lui, il ajouta :

— Eh bien ! mon frère, si ce temps revient, vous pourrez faire valoir ces droits, car je vous jure que j'approuverai votre choix, quel qu'il soit.

— En ce cas, mes bons compagnons, s'écria Euric, je vous invite tous à la cérémonie de mon mariage avec la belle Alidah, la noble fille du comte Bold.

— Lui avez-vous déjà remis votre anneau de fiançailles, prince Euric? demanda le roi.

— Je vais le faire à l'instant.

Aussitôt il sortit de la salle en passant fièrement devant son frère, qui se pencha vers Firmin en lui disant :

— Va remettre cet anneau à Mascezel, et qu'i le porte à sa sœur.

Et Théodoric donna à Firmin l'anneau d'Euric, qu'il avait reçu de Kamal; mais le jeune homme, avant d'obéir à l'ordre du roi, lui dit tout bas :

— Et ta promesse, quand la tiendras-tu?

— A Toulouse, dit Théodoric. Attends avec patience, et tu seras récompensé avec générosité. Mais, jusqu'au jour que je t'ai fixé, ne parais point dans notre ville, ne cherche pas à voir Alidah, il y va de sa vie et de la tienne.

LIVRE DEUXIÈME.

I.

Euric.

Au jour fixé par Euric pour son mariage avec Alidah, Toulouse se parait de toutes les pompes d'une fête splendide; chacun, dans l'intérieur de sa maison, s'apprêtait à se revêtir de ses plus riches habits, tandis que, d'après l'ordre des divers magistrats, de l'édile et du comte de la ville, les maisons des rues par où devaient passer les divers cortéges se chargeaient de guirlandes de fleurs ; Romains, Grecs, Visigoths, participaient de tout leur pouvoir à l'éclat de la cérémonie qui se préparait, et qui, disait-on, devait réunir le luxe de tous les peuples connus.

Le jour était à peine levé, et dans une salle magnifiquement meublée, Euric tenait déjà conseil avec trois hommes dont l'aspect était bien différent.

Le premier était un vieillard; ses cheveux blancs étaient cachés par une couronne de lauriers d'or; un manteau de pourpre richement brodé tombait sur sa tunique de soie, et il s'appuyait sur une lyre qu'il semblait ne plus avoir la force de soutenir. Le second, vêtu d'une simare flottante sous laquelle on voyait le pantalon entouré de bandelettes qui couvrait ses jambes, tenait dans sa main un arc d'une grandeur démesurée. Le troisième portait l'habit étroit des Visigoths; et, selon la coutume, les tresses de ses cheveux cachaient ses oreilles; son visage était rasé dans toute la partie inférieure, et il ne portait de sa barbe que ce que nous appelons aujourd'hui des favoris et des moustaches [49].

— Allons, parle, Attale, dit Euric au vieillard à la couronne d'or, tu as assisté aux noces d'Ataulphe et de Placidie, et je veux que les miennes avec la petite-fille de ce héros les effacent en éclat et en magnificence.

— Cela serait difficile, répondit Attale, car alors la loi du morningkap n'existait pas encore [50]; alors un fiancé pouvait donner à sa fiancée tous les biens qu'il possédait, si tel était son plaisir; mais ton père a mis un terme à ces libéralités, et tu sais que ce n'est que le lendemain du mariage qu'il est permis maintenant de faire des présents à son épouse. Tant de maris ont eu à regretter ceux qu'ils avaient donnés la veille, qu'il a paru plus sage au vertueux Théodoric de laisser à leur amour le temps de savoir s'il n'avait pas été trompé.

— Cette loi, dit Euric, cette loi est bonne pour les pauvres, pour ceux à qui l'on pourrait impunément faire une injure si sanglante, et surtout pour les femmes que leur noblesse ne garantit pas de toute séduction.

— Je ne soupçonne pas la belle Alidah, reprit Attale d'un air d'incrédulité; mais enfin Dieu seul connaît les secrets des femmes! Et puis d'ailleurs, ajouta-t-il en voyant la colère s'animer dans les regards d'Euric, tu sais que ton frère est implacable dans l'exécution des lois, et que pour toi moins que pour tout autre il ne consentira à les violer.

— Illustre empereur, répondit Euric avec mépris. je ne te demande pas ton opinion sur nos lois, je te demande quelle était la pompe de cette fête?

— Eh bien! dit Attale, cinquante jeunes hommes de la plus belle figure, vêtus de robes de soie, portaient un bassin dans chaque main; l'un de ces bassins était rempli de pièces d'or, et l'autre de pierreries précieuses; ils marchaient au milieu d'un chœur de musiciens...[51]

— Que tu conduisais, je me le rappelle, car

c'est la seule royauté qu'on t'eût laissée de tout ton empire [52]. Continue.

— Pour ce jour-là, Placidie, vêtue comme une impératrice, était parée d'un manteau de pourpre soutenu par deux consuls; Ataulphe lui-même avait quitté votre costume et avait choisi la tunique et la toge romaine.

— C'est ce que je ne ferai pas, répondit Euric; je n'imiterai point les fautes d'Ataulphe, il a payé trop cher le plaisir de montrer aux Romains par quels charmes il avait séduit sa belle prisonnière; mais que les cinquante jeunes gens vêtus des costumes magnifiques que tu as dû acheter pour eux, viennent ici, et ils trouveront les cent bassins d'argent que je destine à Alidah. Ils y trouveront assez de pierreries et assez d'or pour les remplir; et s'ils ne lui apportent pas ce que je voudrais lui donner aujourd'hui, du moins lui montreront-ils ce qui lui appartiendra demain.

Après ces paroles il se tourna vers le second personnage présent à ce conseil. C'était Dicenée, cet esclave du comte Bold dont nous avons déjà parlé.

— Quant à toi, lui dit-il, je t'ai chargé de plusieurs emplois. Les as-tu tous exactement remplis?

— Maître, répondit Dicénée, les vêtements destinés à l'épousée seront processionnellement portés, ce matin, dans la demeure de la fille de mon maître, selon la coutume observée par les empereurs de Constantinople [53].

— J'ai vu les préparatifs et les eunuques qui sont chargés de ce soin, repartit Euric en riant; ils sont d'une laideur qui ne laisse rien à désirer: ils feront un contraste heureux avec les beaux jeunes gens d'Attale. Mais ce qu'il m'importe le plus de savoir, c'est si tu as trouvé, parmi les prisonniers que nous avons ramenés de la bataille de Chaalons, assez de Huns capables d'exécuter les chants dont tu m'as parlé.

— Il y aura autour de ton festin deux cents de ces barbares, ayant le costume de leur nation, et tenant en main leur arc à double corde; et, tandis que leur chef chantera les louanges de la nation des Visigoths, ils accompagneront ces chants en heurtant leurs boucliers les uns contre les autres, et en pinçant du doigt la double corde de leur arc [54].

— C'était donc la musique d'Attila? reprit Euric, avec un sauvage enthousiasme ; elle était digne de ce roi puissant, et bien faite pour enflammer le courage de ses terribles guerriers. N'avait-il donc pas encore d'autres plaisirs dont je puisse parer cette fête?

— Il lui arrivait souvent, répondit Dicenée, et j'en fus témoin le jour où il reçut dans un festin les envoyés de Rome; il lui arrivait souvent de faire venir, durant son banquet, un bouffon [55], qui excitait sa gaieté par ses plaisanteries, et un Maure qui faisait l'admiration de tous les convives par sa légèreté à franchir les tables, et par l'adresse étrange avec laquelle il imitait la marche tortueuse du serpent et les bonds immenses du tigre.

— Moi aussi j'ai parmi mes esclaves un bouffon, et un Maure agile; mais, sans doute, ils auront été surpris par quelques brigands de la troupe du Bagaude Armand, car voilà six jours, depuis celui où ils étaient avec moi chez le comte Bold, que je ne les ai vus.

A ce moment, le troisième personnage qui assistait à cette conversation, qu'il avait écoutée d'un air de mécontentement, dit à Euric :

— Ce n'est pas le Bagaude Armand qui les aura surpris; mais ils savent tous deux que le pardon de Théodoric, si facilement obtenu par son frère, ne se serait peut-être pas étendu jusqu'à ceux qui avaient servi ses projets.

— Falrik, répondit Euric, avec cette arrogance qui le reprenait dès qu'il n'employait pas l'ironie, Falrik, tu sais bien qu'en cette circonstance Théodoric n'a accordé de pardon à personne, parce que personne ne lui a demandé pardon, et que nul n'en avait besoin, étant sous ma protection; je te jure que si mes esclaves n'ont pas d'autre raison de se tenir cachés, ils peuvent reparaître en sûreté; et si tu connais, par hasard, leur retraite, tu peux les en avertir. Mais, aujourd'hui, il serait trop tard, et toi-même as des choses plus importantes à faire. Es-tu prêt?

— Je le suis; et mes chants accompagneront ta marche vers le temple et ton retour dans ta demeure, comme il est convenu. Et même, ajouta-t-il d'un ton piqué, s'il te reste quelque attention pour les nobles chants des Visigoths, après avoir entendu la lyre des Romains et la barbare harmonie des Huns, je te dirai, durant le festin, les chansons qui conviennent à un si illustre mariage [56].

— Sache, Falrik, que si je mêle ces magnificences étrangères aux coutumes de notre nation, ce n'est pas que je dédaigne celles qui nous viennent de nos pères, mais c'est que je veux montrer à l'univers quelle est la grandeur de ce peuple, qui a vaincu assez de nations pour réunir dans la même fête les chœurs romains, les cantiques grecs et les chants des Huns; et pourtant il manquera encore une majesté à cette cérémonie; je comptais avoir le Gaulois Armand;

mais probablement, grâce à la fuite de Kamal, il se sera vainement présenté à la porte Décumane; n'y trouvant personne, il n'aura pas osé pénétrer seul dans cette ville, où ses cruautés lui ont acquis une si dangereuse renommée. Allons, c'est encore une pompe à rayer dans les préparatifs de cette journée.

Comme il parlait ainsi, un jeune homme entr'ouvrit brusquement la porte. A son aspect, Euric congédia les trois ordonnateurs de la fête; puis, dès qu'il fut seul avec le jeune Frédéric son frère, car c'était lui qui venait d'entrer, il lui dit rapidement :

— Eh bien, l'as-tu vue?

— Oui, je l'ai vue! répondit le jeune homme: puis il s'arrêta, et levant les yeux sur Euric il s'écria tout à coup :

— Oh! mon frère, qu'elle est belle!

— N'est-ce pas? fit Euric avec un regard où la vanité de l'homme parut tout entière. Un moment après il ajouta : Et que t'a-t-elle dit?

— Je l'ai trouvée pleurant et résignée.

— Résignée! repartit Euric avec étonnement; Sathaniel t'a semblé résignée?

— Oui!

— Résignée! répéta Euric. Mais voyons, raconte-moi ta visite dans tous ses détails.

— Écoute-moi donc, reprit Frédéric. D'après ta prière, je suis parti avant-hier et je suis arrivé à la maison des Violettes quand le jour commençait à s'éteindre. Un esclave veillait à l'entrée de ce chemin embaumé, qui, de la grande route, conduit à la demeure de Sathaniel. En m'apercevant, il m'a sans doute pris pour toi, et s'est enfui en criant : Le voilà! Aussi, quand j'ai été devant la maison, je les ai tous trouvés à la porte; Haben-Moussi, Mascezel et l'infortunée Sathaniel, à qui son frère a dit brusquement : J'étais bien sûr qu'il ne viendrait pas.

— Ah! s'écria Euric, Mascezel est chez sa sœur sans ma permission, sans mon ordre. Cet insolent esclave a fui sa servitude!

— Tu lui pardonneras, mon frère, répondit Frédéric, s'il ne s'est pas senti le courage de venir parer la fête du mariage d'Alidah, de celle pour qui tu as abandonné sa sœur.

— Cet homme m'appartient, j'ai acheté trois années de sa vie, il me les doit et je lui ferai payer sa dette; lui permettre de se retirer ce serait permettre à quelqu'un au monde de condamner ma conduite, et cela ne sera pas.

Euric, prononça ces paroles avec colère, et en se promenant d'un pas agité; puis, après un moment de silence, il revint vers Frédéric, et lui dit en riant dédaigneusement :

— Et, dis-moi; le père et les enfants m'ont-ils bien accablé d'injures? le vieux Haben-Moussi a-t-il souvent étendu ses longs bras maigres et tremblants en s'écriant : Malédiction! Mascezel a-t-il frappé sur son cimeterre en jurant vengeance? la jalouse Sathaniel m'a-t-elle prodigué les noms d'infâme et de parjure?

— Non, mon frère, je te l'ai déjà dit, j'ai trouvé dans cette maison une douleur calme et résignée. Le vieux Haben-Moussi, qui ne me connaissait pas, m'a souhaité la bienvenue, et, lorsqu'il a su mon nom, il m'a dit : — Tu pourras dormir en paix sous le toit où ton frère a porté la désolation, car celui qui a touché du pied le seuil de la porte d'un Maure est son frère, jusqu'à ce que son cheval l'ait emporté hors de l'atteinte d'une flèche. Après lui, Mascezel m'a adressé la parole et m'a fort étonné en me disant : Viens-tu de la part du roi Théodoric?

— De la part du roi Théodoric! s'écria Euric. T'a-t-il dit cela?

— Il me l'a dit. Et quand je lui répondis que c'était de la tienne, son front se rembrunit, et il s'éloigna en ajoutant : — Puisqu'il en est ainsi, parle à cette femme.

— Tout cela est étrange! dit Euric, et tu es resté seul avec Sathaniel?

— Oui; et comme je voyais couler des larmes de ses yeux baissés, comme les sanglots qui gonflaient sa poitrine l'empêchaient de me parler, c'est moi qui, le premier, lui ai adressé la parole.

Euric, devenu plus attentif à mesure que son frère racontait sa visite à la maison des Violettes, fit signe à Frédéric de prendre un siége, et, s'asseyant devant lui, la tête dans sa main, le coude appuyé sur une table, les yeux fixés sur le narrateur, il reprit d'un air de profond étonnement :

— Sathaniel pleurait, disais-tu ?

— Elle pleurait ; et, en la voyant si belle dans ses larmes, j'ai pensé combien elle devait être plus belle encore dans ses joies.

— Oh, oui ! s'écria Euric, c'est une femme à qui le bonheur donne l'air d'une divinité, tant elle le porte avec orgueil et majesté sur son front ; c'est une femme en qui la colère peut faire pâlir les plus intrépides, tant il y a d'éclair et de flamme dans ses yeux irrités. Mais Sathaniel pleurait, disais-tu ? Je n'ai jamais vu pleurer Sathaniel que lorsqu'elle méditait une vengeance.

— C'est que jamais, sans doute, elle n'a été

mise à une si rude épreuve, c'est que jamais le malheur ne lui était arrivé si soudain et si complet.

— Ce n'est pas cela, Frédéric, j'aurais dû voir Sathaniel moi-même. Quand ces tigres africains s'abritent ainsi dans une feinte tranquillité, c'est qu'ils guettent une proie. Mais continue.

— Je lui parlai donc, et, comme tu m'en avais chargé, je lui racontai que les ordres du roi t'avaient forcé de prendre Alidah pour épouse; je lui dis comment, ayant été surpris par Théodoric dans tes projets de révolte, tu n'avais pu refuser au danger de ta position et au pardon généreux qu'il t'avait accordé, de souscrire à ses ordres et de consentir à ce mariage.

— Et que t'a-t-elle répondu quand tu lui as récité cette fable?

— Elle m'a cru ou elle a feint de me croire, car elle m'a répondu avec douceur : « Quand j'ai appris cette union, j'ai bien pensé qu'il devait en être ainsi, et j'ai jugé qu'il n'avait dû rester à Euric d'autre parti que l'obéissance.

Le prince Frédéric s'arrêta : son frère, l'observant toujours d'un regard attentif, laissa s'écouler quelques minutes de silence et reprit ensuite :

— Et voilà tout ce qu'elle t'a dit? sans colère, sans emportement?

— Voilà tout.

— Mais cependant, reprit Euric, ce n'est pas à ce court entretien que s'est bornée ta visite?

— Sans doute, dit Frédéric; mais, à partir de ce moment, il n'a plus été question de toi.

— Tu me trompes! s'écria Euric avec colère.

Le jeune Frédéric se leva avec un mouvement non moins violent, et répondit aussitôt :

— Je vous ai donné le droit de me parler ainsi, lorsque, par amitié pour vous, j'ai consenti à tromper cette femme, en lui disant que le choix que vous avez fait vous avait été imposé, et en l'assurant que ce mariage, qui doit s'accomplir aujourd'hui, ne sera célébré que demain.

— Lui as-tu dit cela? reprit Euric en interrogeant Frédéric avec une si vive préoccupation de sa propre pensée, qu'on voyait qu'il n'avait fait attention ni à la colère avec laquelle il avait parlé à son frère, ni à la fierté que celui-ci avait mise dans sa repartie; lui as-tu dit cela?

— Oui, mon frère, car, pour vous, je me suis senti le courage de mentir.

— C'est bien, dit Euric d'un air plus satisfait; la perfidie que doit sans doute cacher cette tranquillité apparente arrivera trop tard.

Euric, après avoir prononcé ces paroles, put remarquer sur la figure de son frère un léger sourire de vanité et un regard plein de raillerie.

— Oh! tu ne la connais pas, dit Euric, si tu crois que tout ceci ne cache pas une trahison.

— Oh! dit Frédéric en riant, je ne doute pas que la trahison ne vienne tôt ou tard, mais je ne fais pas à Sathaniel, ni à toi non plus, l'injure de croire qu'elle sera si prochaine.

Euric regarda son frère d'un air surpris. Il parut frappé d'une idée soudaine, et, se reculant pour mieux le mesurer du regard, il lui répondit sur le même ton :

— Tu as véritablement raison, et tu m'ouvres les yeux ; tu as dix-huit ans, Frédéric, tu es beau, tu es frère de roi, tu as un cœur qui sera bien facile à tromper, et, en vérité, je n'avais pas tant de titres à l'amour de Sathaniel quand je l'ai obtenu. Voyons, sois franc, que t'a-t-elle dit pendant cette longue visite où vous n'avez plus parlé de moi ?

—Puisque tu n'as plus été pour rien dans notre entretien, il est inutile que je te le rapporte.

— Mais je désire le savoir, moi, répondit Euric en souriant. Quand elle le veut, sa parole est si douce et si enivrante, que j'aimerais à en entendre l'émotion dans celle de ta voix ; on ne parle pas de Sathaniel, vois-tu, sans garder en soi quelque chose de l'accent qu'elle donne à ses paroles ! Lorsqu'elle dit à un beau jeune homme : Je t'aime ! il semble qu'elle éveille autour d'elle des échos merveilleux ; on dirait que tout ce qui l'entoure tressaille de son amour; son regard éclaire la nuit, sa parole parfume l'air, et je voudrais savoir comment tu as supporté ce charme qui m'a si longtemps vaincu.

— Sathaniel, répliqua Frédéric, ne m'a point fait entendre cette voix si enivrante et ces mots si puissants; mais elle m'a longuement parlé de sa douce espérance de retrouver la tranquillité de son âme et de cacher le reste de ses jours dans l'asile enchanté qu'elle habite.

— Ah! oui, dit Euric, elle a tristement penché vers la terre ses yeux humides, elle a essuyé ses larmes avec distraction, et, comme elle était honteuse de pleurer devant toi, elle aura ramené ses longs cheveux d'ébène comme un voile sur son visage.

— Oui, dit Frédéric, en rougissant de voir deviner, par Euric, tout ce qui l'avait touché si naïvement; oui, elle s'est voilée de ses cheveux; mais bientôt elle a surmonté cette douleur, et m'a conduit dans un pavillon où m'attendaient des vins exquis et des fruits délicieux.

— Un pavillon magique, n'est-ce pas? tout chargé de peintures qui représentent des femmes que le peintre n'a pu faire aussi belles que la maîtresse de ce lieu enchanté?

— En effet; et pendant que je goûtais quelques fruits, Sathaniel...

— Oh! je la vois d'ici, dit Euric avec un léger sourire, je la vois couchée sur des coussins, la tête appuyée sur sa main si belle, oubliant son jeune convive, lui laissant le loisir de parcourir la voluptueuse élégance de ses formes couvertes d'un lin si léger qu'il est transparent.

— Je ne dis pas cela, mon frère, reprit Frédéric troublé à cette peinture si vraie de ce qui lui était arrivé.

— Tu ne le dis pas, mais tu l'as vu : elle levait les yeux au ciel; des yeux noyés dans une pensée triste, sa bouche, comme entr'ouverte par l'effort de sa respiration haletante, te laissait voir des dents pures comme les perles d'Orient; et puis par hasard elle aura doucement ramené vers toi ce regard perdu dans le ciel, et, en te voyant l'admirer, elle l'aura caché subitement sous ses longues paupières, bordées de cils d'ébène; mais avant de le voiler ainsi, elle t'aura lancé un de ces doux éclairs qui languissent dans sa noire prunelle, et qui brûlent tellement, qu'ils font porter la main au cœur comme si un fer rouge y pénétrait.

— Mon frère, qui a pu te le dire? s'écria Frédéric qui se troublait de plus en plus.

— Allons, calme-toi, Frédéric; elle t'a ménagé, elle a jugé que tu n'étais qu'un enfant. Oh! que serait-ce donc si elle avait attaché sur toi ce regard fascinateur dont le ciel ou l'enfer l'a douée, ce regard qui vous enlace et vous étreint, ce regard qui vous pénètre et vous dévore : mais si elle avait voulu, si elle avait endormi sur toi ce regard de serpent, si elle avait posé ses yeux sur les tiens, tu aurais tremblé et frémi, tu aurais éprouvé le vertige dans la tête et dans le cœur, tu te serais senti devenir insensé, et tu serais tombé à ses pieds en lui demandant grâce.

— Mon frère, dit Frédéric, qui s'était remis de

son trouble, je n'ai vu dans Sathaniel qu'une femme désolée.

— Je t'en félicite, reprit Euric d'un ton incrédule; cependant, si ce que tu me rapportes est vrai, tu n'a pas complétement tenu la parole que tu m'avais donnée : tu n'as pas dit à Sathaniel que ce mariage ne romprait pas notre amour, et que j'irais moi-même la rassurer dès que la prudence me le permettrait.

— Il est vrai que je ne lui ai point dit cela, car j'ai supposé que c'était une ruse imaginée pour calmer sa douleur. D'ailleurs, en voyant Sathaniel si paisible, j'ai pensé qu'il n'était pas nécessaire de lui donner un espoir que tu ne voudras pas réaliser au risque de la perdre. Nos lois sont sévères contre les adultères, et je ne suppose pas que tu veuilles jamais exposer la maîtresse que tu as aimée à devenir l'esclave de l'épouse que tu as choisie.

— Je te remercie de l'avis, reprit Euric, quoiqu'il parte probablement de mon frère, qui inspire à tout ce qui l'entoure une rage de lois qui nous fera bientôt remplacer nos armes par le sac de cuir où les Romains enferment les pièces de leurs procès. Au reste, je jugerai seul de ce qui me reste à faire, et à moins que cela ne contrarie ta naissante passion pour la belle Sathaniel, je ne l'abandonnerai ni à son désespoir ni à ses espérances. Maintenant il est temps de nous occuper de la cérémonie de ce jour; songe que si ton simple vêtement de voyage a suffi pour charmer les yeux d'une fille maure, il ne serait pas assez éclatant pour attirer les regards des belles Romaines de cette ville et des filles nobles de notre nation ; tu trouveras chez toi le costume que je t'ai destiné, et sa magnificence te prouvera, j'espère, combien je suis jaloux de faire ressortir aux yeux de tous la jeune beauté de mon frère.

Après cet entretien, ils se séparèrent pour aller s'occuper du soin de leur parure.

II.

Firmin.

Maintenant il nous faut quitter le palais d'Euric, traverser d'un bond les cinq villes populeuses qui composaient la ville de Toulouse, et nous rendre au château narbonnais occupé par le roi Théodoric. Nous y pénétrerons avant le jour, comme dans celui que nous venons de quitter, et nous y trouverons de même le maître debout et tenant conseil.

Théodoric, près duquel on venait d'introduire Gandoin et Léon, répondait à l'esclave qui les avait précédés.

— En quoi ce jeune homme dont vous me parlez a-t-il mérité que les gardes s'emparassent de lui?

— Hier au soir, dit l'esclave, il s'est présenté aux portes du château narbonnais et a demandé à vous voir; vous étiez enfermé en ce moment avec le Maure...

— Je sais, dit Théodoric en interrompant l'esclave; mais ce désir n'était pas un crime pour lequel on dût arrêter ce jeune homme.

— Sans doute, reprit l'esclave, mais l'entrée du palais lui ayant été refusée, il s'est emporté en injures contre vous, et a déclaré qu'il ne quitterait pas le seuil de la porte avant de vous avoir entretenu.

— Eh bien! dit Théodoric, qu'on l'introduise;

si sa demande est juste, elle ne saurait lui être trop tôt accordée; si elle est déraisonnable, il sera plus tôt guéri de sa folie.

Et après avoir échangé quelques paroles avec Léon, il s'assit près d'une table sur laquelle brûlaient des flambeaux de cire, portés dans des chandeliers d'or. Gandoin se plaça à côté de lui, et le Romain, comme un homme qui devait rester étranger à ce qui allait se passer, déposa sur la table divers papiers dont il commença tout bas la lecture en les corrigeant de temps en temps.

Un moment après, Firmin parut à leurs yeux. Avant que Théodoric eût le temps de le reconnaître dans le jour douteux qui éclairait la salle d'audience, il lui désigna du doigt une escabelle et lui fit signe de s'asseoir.

— Qui es-tu et que veux-tu? lui dit-il aussitôt.

— Le roi Théodoric ne me reconnaît-il pas, ou m'a-t-il déjà oublié? reprit Firmin.

— Qu'es-tu venu faire ici, quand je t'avais

ordonné de rester dans la maison d'Attale et d'attendre que mes ordres te permissent d'en sortir? reprit Théodoric avec vivacité.

— Je suis venu, répondit Firmin, pour savoir si je devais me fier à ta parole. Lorsque tu m'as promis d'obtenir mon pardon du comte Bold, et de le faire consentir à mon mariage avec sa fille, je me suis laissé tellement égarer par la reconnaissance que, pour assurer mon bonheur, j'ai joué le rôle infâme que tu m'as enseigné. Je ne te rappellerai pas les espérances folles dont tu m'as enivré. J'ai honte de m'y être laissé prendre, quoique à la vérité tu pusses faire pour moi ce qu'Alaric fit pour mon tuteur Attale; mais, je te l'ai dit, ce n'est pas cette promesse que je suis venu te rappeler.

— Quelle est donc celle que tu me condamnes à tenir?

— Écoutez, vous les conseillers les plus dévoués de notre roi, reprit Firmin avec une modeste fermeté et une douloureuse expression de honte; écoutez, vous qui avez le renom de lui faire entendre de sévères vérités; voici ce qui s'est passé entre nous, et vous jugerez si ma demande est injuste. Il y a un mois, il me fit appeler dans son palais. — « Le moine Barthélemy, me dit-il, m'a appris que tu avais séduit la jeune Alidah, et, qu'abusant de son amour, tu l'avais entraînée à abandonner la religion arienne pour embrasser le catholicisme; je ne te parle pas du crime que tu as commis en abusant de l'hospitalité d'un vieillard; je ne te parle pas de la faute d'Alidah qui a oublié les plus saints devoirs; c'est à votre cœur à vous en punir: mais comprends-moi bien, tu es Romain, et ta loi te défend d'épouser une fille barbare, comme vous les appelez; elle est arienne, et l'esclavage la punira de son apostasie, si je ne vous sauve tous les deux. » Voilà ce que tu m'as dit, Théodoric, et c'est, armé de ce terrible secret, que tu m'as forcé à surveiller le comte Bold et à te raconter tous ses projets. C'est ainsi que tu as connu les visites secrètes que lui faisait ton frère, ainsi que tu as appris tous les complots qui se tramaient contre toi; et comme à chaque nouvelle révélation tu voyais mon courage faiblir devant l'infamie de ma délation, tu le relevais chaque fois par une promesse plus magnifique. D'abord ç'a été le pardon de mon crime, ensuite l'assurance de mon mariage avec Alidah; plus tard ce fut une armée à commander, hier encore c'était l'empire à régir sous ta tutelle; tu as dû bien rire de ma crédulité, Théodoric, mais enfin tu me dois une récompense quelle qu'elle soit: c'est celle-là que je viens te demander.

— Et à quoi s'est réduite cette haute ambition? dit Théodoric.

—A peu de chose. Je ne te demande que de me remettre en la situation où tu m'as trouvé, car à cette époque, j'aurais su, crois-moi, suffire aux dangers qui m'entouraient, tandis que toi qui devais m'en sauver, tu les as rendus plus pressants. Je savais que parmi ses calculs d'ambition Euric avait fait entrer son mariage avec la fille du dernier des Baltes, car les droits de cette famille lui donnaient une chance de succès : mais j'aurais prévenu ce malheur plus facilement que tu ne penses. Aujourd'hui il n'en est plus ainsi, le mariage du prince Euric est publiquement annoncé et approuvé par toi, Alidah habite un palais où il m'est interdit de pénétrer, et je n'ai pour garant de sa vie et de la mienne que ce peu de mots que tu m'as dits en sortant de chez le comte Bold : — « Attends avec patience, et tu seras récompensé avec générosité. » J'ai attendu, et je ne suis pas seul à attendre. Les jours se passent : à peine reste-t-il quelques heures avant la cérémonie, et rien ne m'annonce que tu tiendras ta promesse. Jusqu'à cette nuit, Alidah rassurée par mes messages se laissait conduire, espérant comme moi dans ta parole ; mais enfin elle m'a fait informer que si, au moment où le cortége nuptial s'avancera vers sa demeure, tu n'as pas rompu cet hymen, il faudra bien qu'elle dise la vérité à son père. Tu vois à présent quel danger terrible et certain tu as fait du péril encore éloigné qui la menaçait ; tu comprends que tu l'as laissée seule et sans défense devant la colère de son père, lorsque je pouvais lui en sauver les premiers transports ; dis-moi donc, maintenant si tu t'es loyalement conduit envers celui qui t'a peut-être sauvé le trône et la vie.

— Ce que j'ai promis je le ferai, dit Théodoric, et je te jure encore que l'hymen d'Euric et d'Alidah ne s'accomplira pas.

— Ce n'est pas là ce que je demande, reprit Firmin ; j'ai pénétré plus avant que tu ne crois dans tes projets; je sais qu'il est important pour toi que ton frère n'unisse point par ce mariage ses prétentions au trône et les droits de la famille des Baltes. Mais pour que ce mariage n'ait pas lieu il suffit qu'Alidah avoue à son père notre amour, notre amour coupable, tu le sais. Cet aveu peut lui coûter la vie, et j'ignore s'il ne te conviendra pas d'acheter ta sûreté à ce prix.

— Tu parles bien imprudemment, jeune homme, dit Léon qui jusque-là avait gardé le silence; les secrets des rois ne doivent pas être devinés.

— Laisse-le dire, reprit Théodoric qui observait Firmin pendant qu'il parlait avec une assurance qu'il n'avait pas encore montrée, laisse-le dire, reprit-il plus bas, je veux savoir aujourd'hui mieux que je ne l'ai su jamais, jusqu'à quel point je puis me fier à sa docilité.

Il s'arrêta, et reprit bientôt après en étudiant l'effet de ses paroles sur ce jeune homme.

— Écoute, Firmin, je suppose qu'il ne me restât aucun autre moyen d'empêcher le mariage d'Euric que d'attendre l'aveu d'Alidah; je suppose que, forcé malgré moi de manquer à ma promesse, il me fallût laisser cette jeune fille en butte à la colère de son père.

— Cela est impossible, répondit Firmin avec une émotion menaçante dans la voix, c'est impossible; ce serait une lâcheté.

— Insolent! s'écria Gandoin en se levant.

Théodoric l'arrêta, et Firmin continua avec plus de modération.

— Ce serait un abandon indigne d'un si grand roi; toi qui as pardonné au frère qui voulait ta mort, tu ne délaisseras pas le malheureux orphelin qui t'a servi. Est-ce donc l'infamie de mes services qui te rend si inexorable? mais tu sais bien, Théodoric, pourquoi je t'ai obéi; tu sais bien que c'était Alidah que je sauvais : Alidah, mon amour, ma vie; Alidah que j'ai séduite, à qui je promettais un époux illustre et digne d'elle; Alidah, un enfant qui s'est endormie confiante dans mon amour et qui m'attend dans les veilles et dans les larmes. O roi, tu ne nous abandonneras pas. Je te le demande pour elle; pour elle je t'implore à genoux, pour elle me voilà à tes pieds. Théodoric! Théodoric!

Et véritablement Firmin s'était jeté aux genoux du roi qui le contemplait avec un certain orgueil mêlé de pitié. Mais, voulant pousser l'épreuve jusqu'au bout, Théodoric répondit.

— Je te plains, car tu l'aimes; mais, dis moi, si je ne pouvais plus rien pour elle, que ferais tu, toi, pour la sauver?

A peine Firmin eut-il entendu ces mots, qu'il se releva la pâleur sur le front, la colère dans les yeux, et le corps frémissant de rage.

— Si ce que tu viens de me dire était vrai, s'écria-t-il d'une voix qui prit tout à coup un accent terrible, si ce que tu viens de dire était vrai! je ne sais pas ce que je ferais pour sauver

Alidah!! mais je sais bien ce que je ferais pour la venger.

Le mouvement de Firmin avait été si rapide qu'il se trouvait presque face à face avec Théodoric, le mesurant de son regard irrité, tandis que celui-ci le considérait avec une terreur qui semblait prendre sa source ailleurs que dans un danger présent.

— Dieu du ciel! s'écria Théodoric en reculant, c'est son regard et c'est sa voix.

— C'est le regard et la voix d'un homme qui te demande, à présent et sur l'heure, un gage du salut de celle que tu veux perdre, repartit Firmin en levant les mains sur la tête de Théodoric, c'est le regard et la voix d'un homme qui ne se laissera pas tromper par toi, roi Théodoric.

— Insolent esclave, dit Gandoin, tu menaces ton maître!

— Sauveras-tu Alidah? s'écria Firmin en saisissant le roi qui le repoussa violemment.

— Misérable! reprit Gandoin en s'avançant

vers Firmin et en tirant son épée, c'en est trop, tu vas payer ton insolence.

— Approche donc, répliqua Firmin en s'emparant de l'escabelle sur laquelle il était assis.

Mais comme ils allaient se précipiter l'un sur l'autre, Théodoric se jeta entre eux en poussant un cri terrible d'angoisse, et les sépara de sa puissante main, sans prononcer une parole. Un tremblement convulsif agitait le roi, sa pâleur était effrayante et son regard égaré tournait autour de lui, comme celui d'un insensé. Enfin, après un moment de silence, il dit à Firmin d'une voix entrecoupée et à peine intelligible.

— Point de sang ! point de sang... va, Aspar, va, je sauverai Alidah, je te le jure par le sang de mon frère Thorismond.

Puis il tomba assis sur un siége en cachant sa tête dans ses mains; et Firmin, qui n'avait pas remarqué le nom étrange qui venait de lui être donné, s'éloigna en disant :

— Et moi je te le jure; quelque sang qu'il me

faille répandre pour cela, je te le jure, je la sauverai.

Lorsque Théodoric fut demeuré seul avec ses deux conseillers, il leva lentement sur Gandoin un regard où la plus profonde tristesse n'avait pas encore effacé le ressentiment d'un effroi insurmontable ; et alors, désignant du doigt la place que Firmin venait de quitter, il reprit d'une voix sombre et accentuée.

— Eh bien, l'as-tu reconnu? n'avait-il pas la voix, le visage, le regard superbe et le geste de son père? l'as-tu reconnu tel qu'il était dans cette nuit fatale où nous l'avons immolé?

Gandoin ne répondit pas ; Théodoric se leva, et, poussant avec violence l'escabelle que Firmin avait fait tomber :

— Jusqu'à ce meuble, s'écria-t-il, que Dieu paraissait avoir exprès placé sous sa main pour rendre encore cette image plus semblable.

— Et peut-être, dit Gandoin, eût-il fallu que l'image fût semblable en tout, et que le fils mort ressemblât au père mort, comme le fils vivant ressemblait au père vivant.

—Non, répondit Théodoric violemment, non, plus de sang, c'est assez d'un spectre toutes les nuits au pied de mon lit; c'est assez de la voix d'un frère qui me crie dans mon sommeil : « Assassin ! assassin !! »

—Faiblesse que tout cela, répliqua Gandoin ; que ce qui a été fait fût injuste, cela se peut; mais ce qui serait de toute justice, c'est la punition de ton frère Euric pour avoir comploté contre toi, c'est le châtiment de ce jeune furieux, pour avoir osé te menacer.

— Non, reprit Théodoric d'un ton accablé; ce trône ne me coûtera pas une goutte de sang de plus que celui que j'ai versé.

Gandoin laissa échapper un geste d'impatience, et le roi, qui s'en aperçut, continua avec plus de calme.

— Je l'ai décidé; et si Euric doit acheter un jour mon trône au prix que je l'ai payé, je ne tirerai pas cette épée pour le défendre, comme je l'ai tirée pour le conquérir. Il y a assez du sang d'un frère sur sa lame, puisque celui de tous les ennemis que j'ai vaincus ne l'a pas encore lavé.

— Ainsi, dit Gandoin, tu te livres sans défense à ceux qui en veulent à tes jours, et tu te rends, par ta pusillanimité, complice de leurs projets; tu te trahis toi-même, tu trahis la cause des Visigoths en laissant à un insensé comme Euric la chance de s'emparer du trône.

Théodoric sourit tristement, et déjà plus maître de lui-même, il répondit en reprenant sa place près de la table.

— Je ne me trahis point moi-même, car si je ne me défends pas en frappant mes ennemis dans leur vie, je saurai m'en préserver en les atteignant dans leur crédit, dans leur honneur et dans leur considération.

— Et si tous ces projets si habilement combinés viennent à échouer contre un hasard, ou devant la rage d'un jeune insensé comme celui qui nous quitte, il faudra donc que nous subissions le pouvoir de ton frère, d'un débauché qui abandonnera pour ses plaisirs le soin du gouvernement et la gloire des Visigoths.

— Tu te trompes encore, Gandoin, repartit le roi, le jour où Euric pourra saisir le sceptre, tu reconnaîtras le génie qui dort en lui, comme tu as reconnu le féroce courage de Thorismond dans le regard de Firmin. Vainement j'ai voulu étouffer cette nature sauvage sous la mollesse de l'éducation romaine; à l'instant où le lion s'est senti blessé, il s'est réveillé; il en sera de même pour Euric : crois-moi, du moment que l'aigle aura de l'air, il prendra son vol. Mais bientôt, je l'espère, j'aurai pourvu au plus pressant de ces dangers; plus tard, et lorsque j'aurai mis à l'ambition d'Euric un frein qu'il ne pourra briser, je m'occuperai de Firmin; car j'ai prononcé devant lui un nom qui a pu ne pas l'éclairer quand il était aveuglé par la colère, mais qui devra lui donner d'étranges soupçons, lorsqu'il réfléchira à cette scène. Et peut-être un jour, ses soupçons deviendraient-ils une certitude, si l'un de mes serviteurs cessait d'être discret.

— Est-ce à nous, dit Gandoin, que tu fais l'injure d'une pareille supposition ?

— Jamais, reprit Théodoric, le courage et la prudence ne m'ont fait soupçonner une trahison ; mais la faiblesse, la vénalité et la perfidie sont toujours à redouter par ceux-là mêmes à qui elles ont le plus servi. L'homme qui les emploie est comme ces bateleurs de l'Orient qui gagnent leur vie en jouant avec des serpents et qui meurent le plus souvent, étouffés par les reptiles qui les faisaient vivre. Ainsi, Attale peut trouver un meilleur prix de son indiscrétion que de son silence. Kamal a assez souvent trahi son maître pour moi, pour que je ne doive pas m'étonner qu'il pût me trahir pour un autre, et Barthélemi peut espérer que sa religion trouvera plus d'appui dans un roi catholique que dans un bienfaiteur arien. N'importe, il est temps de nous occuper des affaires présentes.

Il s'adressa alors à son second conseiller, et lui dit :

— Léon, es-tu sûr de faire réussir le plan que tu as conçu ?

Léon, qui pendant tout le temps qu'avait duré cette scène avait à peine quitté des yeux divers manuscrits qu'il lisait attentivement, se rapprocha de la table et se disposa à parler.

— Avant de commencer, dit Théodoric, il faut que je m'informe si tout est prêt.

Il frappa du pied, et le chambellan reparut.

— Kamal est-il de retour? lui demanda son maître.

— Il vient d'arriver.

— Seul?

— Un homme, de la taille d'un géant, l'accompagne.

— C'est bien. A-t-on conduit hors des portes de la ville la litière fermée dans laquelle on doit introduire les personnes que j'attends?

— Il y a une heure qu'elle est partie; mais je n'ai pu délivrer au chef de l'escorte qui doit la suivre l'ordre nécessaire pour qu'elle entre sans être visitée.

— Le voici, dit Théodoric. Tu le remettras au garde de la porte, et tu lui diras que cette litière n'enferme aucune marchandise sujette à l'impôt [57].

— Si les lois étaient exactement observées, reprit Léon en souriant, cette marchandise ne paierait rien au publicain pour entrer dans Toulouse, mais elle devrait un droit à l'édile pour y rester.

— Sais-tu que si mon frère t'entendait parler ainsi de sa maîtresse, dit Théodoric, il ne te pardonnerait pas le projet que tu as conçu; mais, quoi qu'il en soit, parle : maintenant nous sommes prêts à t'écouter.

Comme nous aurons à représenter plus tard en action le plan de conduite qui avait été tracé par le ministre Léon, nous allons pénétrer dans la demeure où s'agitaient ensemble d'autres craintes et d'autres espérances.

III.

Alidah.

D'après l'ordre qu'il en avait reçu de Théodoric, le comte Bold avait abandonné son château pour venir habiter Toulouse. Mais, ainsi que beaucoup d'autres, il ignorait les raisons cachées qui avaient dicté la conduite du roi, et attribuait, à la crainte de frapper des hommes trop puissants, la générosité avec laquelle Théodoric s'était contenté de déjouer leurs projets. Peu d'amis, en effet, étaient dans la confidence des nuits terribles de ce malheureux souverain. A l'exception de Gandoin et de Léon, aucun de ceux qui l'approchaient ne savait qu'à une heure donnée le spectre de Thorismond, évoqué par le remords, venait veiller et s'asseoir pâle et sanglant sur la couche royale. En le voyant, durant le jour, tranquille et quelquefois joyeux, s'occuper des affaires de son peuple, ou se mêler à ses plaisirs, on supposa facilement que Théodoric n'avait jamais éprouvé le remords du crime qui l'avait placé sur le trône, ou bien que la gloire qu'il avait acquise avait étouffé ce remords. Pas plus que ses sujets, sa famille n'était initiée à ce terrible secret, mais Euric l'avait découvert, et il s'en servait avec un cruel avantage.

Souvent ses amis s'étonnaient de l'assurance avec laquelle il blâmait la conduite de son frère, et ils en étaient venus à ne pouvoir s'expliquer l'audace qu'il mettait à traverser tous ses projets. Enfin, dans cette dernière circonstance, la manière dont il avait bravé Théodoric, quand celui-ci avait de si justes raisons de se venger, avait inspiré aux nobles Visigoths assemblés chez le comte Bold la pensée que le courage d'Euric, sa fortune et sa popularité effrayaient le roi lui-même. Chacun s'était facilement attribué une part de la terreur qu'éprouvait Théodoric, et quand le cœur des coupables aurait dû être plein de reconnaissance pour le pardon généreux qu'ils avaient reçu, ils se vantaient tout haut d'avoir fait reculer la sévérité du roi.

De tous ceux qui avaient cette opinion de leur importance personnelle, le comte Bold était celui qui la poussait le plus loin; fier de sa naissance, ayant conquis, grâce à la beauté d'Alidah, l'allié le plus puissant qu'il pût espérer, il disait hautement qu'il ne considérait pas les projets d'Euric comme anéantis, mais simplement comme ajournés.

Dans la maison qui lui avait été désignée par le roi, tout le monde veillait aussi avant le jour. Le comte lui-même était entré dans la chambre de sa fille, longtemps avant l'heure où il avait coutume d'y pénétrer, et l'avait trouvée debout, longtemps avant l'instant où elle s'arrachait d'ordinaire au sommeil.

Au moment où il ouvrit la porte de sa chambre, elle était à genoux sur le marbre du pavé, et les yeux et les mains levés vers le ciel, elle lui criait avec désespoir :

— Oh! qui me sauvera, qui me sauvera?

Quand son père parut, surprise pour ainsi dire dans le désordre de son âme et dans le désordre de sa parure; craignant que le regard paternel n'eût lu, dans sa douleur ou sur sa personne, ce qu'elle n'osait lui avouer, comme si la nudité de ses sentiments ou de son corps eût dû révéler un crime, elle poussa un cri d'épouvante, et ses mains tendues vers Dieu se croisèrent rapidement devant elle.

— Ne t'alarme pas, lui dit le comte Bold; c'est moi : je suis venu pour te donner du courage; car, depuis le jour où j'ai reçu du prince Euric les arrhes [58] de ton mariage avec lui, je me suis aperçu de la tristesse qui s'est emparée de toi.

Alidah écouta tristement ces paroles, que son père lui adressa d'un ton de douce pitié; quelques sanglots murmurèrent encore au fond de son cœur; et, sans quitter sa position, elle répondit :

— Est-ce que ce mariage s'accomplira, mon père?

Le comte Bold se recula, et son visage prit soudainement un air de sévérité.

— Rien au monde, répondit-il, rien que la mort du prince Euric ou la tienne ne pourra rompre ce mariage au point où il est arrivé! mais, qui a pu te donner la crainte de le voir manquer?

— Mon père, dit la jeune fille, ce n'est pas une crainte, c'est une espérance.

— Une espérance? s'écria-t-il pendant que son regard semblait vouloir pénétrer, à travers la pâleur d'Alidah, jusque dans le secret de sa pensée.

— Hélas! reprit-elle en se traînant sur ses

genoux et en s'approchant de son père, avez-vous oublié que vous m'aviez permis un autre amour?

— As-tu oublié, reprit le vieillard avec colère, comment le misérable qui te l'a inspiré s'en est rendu indigne? Ah! lorsque j'ai reçu dans ma maison ce parasite romain, je ne devais attendre de lui que trahison et lâcheté. Pourquoi ai-je cru les récits mystérieux du moine Barthélemi qui me faisait entendre que cette alliance me rapprocherait plus que toute autre du trône qui m'a été ravi. Quelquefois je l'avoue, quand cet infâme racontait les exploits de ces anciens Romains qui ne sont plus, ou qu'il écoutait le récit de nos conquêtes, quelquefois j'ai vu s'allumer dans ses yeux une flamme qui éclairait pour moi le passé d'une lueur terrible. Je me suis pris à supposer que le fils de Thorismond n'avait pas péri dans la nuit fatale où son père avait été égorgé. Je me suis demandé si ce Firmin, venu, dit-on, de Rome, et confié par une main inconnue aux soins du misérable Attale, ne serait pas cet enfant dont je ne me rappelle pas que le cadavre se soit trouvé à côté de celui de son père. Que de fois lui-même il a nourri ma fatale illusion, lorsque, parmi les frivoles discours qui semblaient cacher de graves projets, il me parlait de trônes et d'empires. Je lui ai offert l'occasion de montrer ce qu'il était : tu sais comment il s'en est servi; il nous a livrés à Théodoric. Non, non, ce n'est pas là le fils de Thorismond; un sang si noble ne peut avoir si vite dégénéré. La délation de Firmin ne me dirait pas assez qu'il n'est qu'un vil Romain, que la tendresse de Théodoric pour lui m'en convaincrait tout à fait.

Il s'arrêta, et continua en se laissant dominer par les espérances qu'il conservait encore :

— Mais son infamie n'aura perdu que lui, et maintenant que tu le connais, tu dois t'estimer heureuse que l'amour puissant du prince Euric ait prévenu les dangers de notre aveuglement.

— Mais quand je l'ai connu, mon père, repartit Alidah, avec de nouvelles larmes, Firmin n'avait pas commis tous ces crimes... Il était innocent quand je l'ai aimé.

— Tu l'as aimé, malheureuse!... je le sais.. Mais peut-être l'aimes-tu encore..... ajouta-t-il, d'une voix menaçante.

Alidah leva ses bras vers son père, et s'adressant à lui comme elle s'était adressée au Ciel :

— Oui, je l'aime encore, et qui me sauvera, si vous m'abandonnez?

Le comte Bold ne répondit pas, il s'éloigna de quelques pas, comme pour dominer la colère qui s'emparait de lui. Mais elle se fit jour avec une nouvelle fureur, et quoiqu'elle ne s'adressât pas directement à Alidah, la jeune fille n'en fut pas moins épouvantée.

— Oh! s'écria-t-il, le Ciel me punit dans ma fille de l'outrage que j'ai laissé faire à ma mère; il me punit de n'avoir pas vengé la mort de mon père Ataulphe, en me refusant des fils pour soutenir mes droits. Tant qu'a duré ma jeunesse, j'ai oublié dans les plaisirs que j'étais né d'un sang doublement souverain; aujourd'hui que je me le rappelle, je ne trouve pour appuyer ma tardive espérance qu'un roseau qui plie et qui se brisera peut-être au moment où je vais toucher le but.

En parlant ainsi, le comte Bold pressait son front de ses poings fermés. Ce n'est pas que les paroles d'Alidah l'eussent irrité à un si haut degré, mais il s'apercevait enfin qu'en attachant ses projets d'ambition à la première espérance qui s'était offerte à lui, il avait failli perdre le fruit de ses sourdes menées. Ce fut donc exaspéré par cette pensée et par cet intérieur mécontentement de lui-même qu'il reprit soudainement avec une nouvelle colère.

— Mais tu étoufferas cet indigne amour, je te l'ordonne.

— Hélas! mon père, s'écria Alidah, est-ce donc en mon pouvoir?

— Eh bien! reprit le comte Bold, garde cet amour, si tu veux; mais cache-le assez bien dans le fond de ton cœur pour que personne ne l'y puisse deviner, cache-le surtout jusqu'à ce que ce mariage soit accompli.

— Mais ce mariage est impossible, mon père!

s'écria Alidah, en se levant avec un geste désespéré.

Le comte Bold saisit la main de sa fille, et, la parcourant des pieds à la tête d'un regard qui la fit frissonner, il reprit d'une voix sombre:

— Et pourquoi ce mariage est-il impossible?

Tout le courage d'Alidah succomba devant ce terrible regard, devant cette question si directe à laquelle il fallait une réponse qui pouvait appeler la mort; elle se détourna, cacha sa tête dans ses mains et laissa couler abondamment ses larmes. Son père ne prononça pas un mot de consolation, et, après l'avoir laissé pleurer quelque temps sans l'interrompre, il ajouta :

— J'étais venu pour vous prévenir que, ce matin, le roi Théodoric m'a fait mander à son palais.

Alidah leva sur son père un regard où sembla renaître une espérance, mais celui-ci s'empressa d'ajouter :

— J'irai où m'appelle mon devoir ; mais si tu

as compté sur les prières ou sur les ordres du roi pour échapper à ma volonté, je t'avertis que ni prières, ni ordres ne pourront la fléchir. J'ai reçu les présents du prince Euric et nulle considération au monde, nulle crainte ne me fera accepter le déshonneur qui suivrait la rupture de ce mariage. Je te l'ai déjà dit, il n'y a que ta mort ou celle d'Euric, et maintenant je dois dire : il n'y a que votre mort ou la mienne qui puisse empêcher cet hymen.

Alidah courba la tête sans répondre, car cette intervention de Théodoric lui avait rendu quelque espoir; son père s'éloigna lentement, mais, au moment de quitter la chambre de sa fille, il se retourna et lui dit :

— Je serai sans doute de retour avant que les esclaves d'Euric t'apportent les présents accoutumés et tes riches vêtements de fiancée; mais s'il en était autrement, je te préviens que j'ai chargé Falrik de veiller sur toi, et tu sais que quelques ordres que j'aie pu lui donner, ils seront fidèlement exécutés.

Lorsque le comte Bold fut éloigné, les larmes

d'Alidah se tarirent peu à peu dans ses yeux, et la confiance, qui l'avait si complétement abandonnée, rentra dans son cœur.

Quelques heures s'écoulèrent pendant lesquelles elle se laissa prendre à ces suppositions impossibles auxquelles se rattachent les malheureux qu'aucune puissance humaine ne semble plus pouvoir sauver.

Que de fois dans un jour de désespoir, et lorsqu'on croit tous les secours amis épuisés, on rêve un roi qui vous rencontre et qui vous plaint, un trésor enfoui depuis des siècles et qui vous sauve. Quand tous les pouvoirs de la terre semblent insuffisants, que de fois aussi, l'âme exaltée par la foi qui revient au malheur, a fait descendre des cieux un ange aux ailes dorées ou une vierge consolatrice.

Ainsi Alidah se remit en prière, et, confiante dans la miséricorde céleste, elle rattacha ses espérances à Dieu et perdit peu à peu l'inquiétude que lui avaient laissée les dernières paroles de son père. C'est à peine si elle s'aperçut que les femmes chargées d'ordinaire des soins de sa toilette venaient d'entrer dans sa chambre. Elles n'avaient pas encore disposé les essences qui devaient embaumer ses cheveux, elles n'avaient point encore préparé ses vêtements, lorsque Falrik entra soudainement.

— Votre présence est inutile en ce lieu, dit-il, et ce n'est pas à vous qu'est réservé aujourd'hui le soin de parer la fille de votre maître; celui qui a envoyé les habits a envoyé aussi les esclaves qui doivent en revêtir sa nouvelle épouse.

— Je ne veux pas! s'écria Alidah, blessée par cette voix qui était venue briser toute sa céleste espérance; je ne veux pas, reprit-elle, en s'enveloppant dans un léger pallium, qu'aucune femme étrangère pénètre dans cette chambre. Je n'ai besoin que des soins de ma nourrice.

— Ce ne sont pas non plus des femmes étrangères qu'Euric envoie en ce lieu. Ce n'est pas la pompe vulgaire de nos cérémonies qu'il a jugée digne d'un si grand jour et d'un si noble hymen, et c'est en te traitant comme les impératrices qui règnent à Constantinople qu'il a voulu montrer quel rang tu mérites d'occuper parmi les femmes.

Comme il achevait de parler ainsi, la porte de la chambre d'Alidah s'ouvrit complétement, et elle aperçut, dans la salle qui précédait, un long cortége d'esclaves qui s'avançaient silencieusement. Avant qu'Alidah eût pu s'écrier, ses femmes étaient sorties sur un geste impérieux de Falrik, et les silencieux esclaves avaient commencé à pénétrer dans la chambre.

Ceux qui marchaient en tête portaient des encensoirs où brûlaient les parfums les plus précieux; ils en envoyaient la fumée vers un coussin porté par quatre noirs africains. Une légère tunique de lin était posée sur ce coussin. Après eux venaient d'autres esclaves avec des encensoirs plus riches, et, sur un coussin plus riche aussi, une tunique de soie; après ceux-là, d'autres esclaves encore, et sur un troisième coussin, une robe éclatante de pierreries : et encore après, des esclaves plus magnifiquement vêtus, des encensoirs d'or garnis de pierreries, et sur un coussin encore plus splendide, un manteau de pourpre : et après le manteau de pourpre, toujours portés par de nouveaux esclaves, un bandeau et des bracelets d'émeraude, des colliers de perles, des bandeaux de diamants, tout ce que l'avidité des barbares avait arraché de richesses à ce gouffre de richesses qui s'appelait Rome.

Quand ce somptueux cortége se fut silencieusement rangé tout autour de la chambre d'Alidah, quatre noirs vêtus de blanc, portant sur la tête des voiles blancs qui faisaient encore mieux ressortir la hideuse laideur de leurs traits, vinrent se placer autour d'elle en se prosternant à ses genoux.

L'un d'eux, auquel l'ironie impudique des Romains avait donné le nom d'Éros, prit la parole, tandis qu'Alidah restait debout, stupéfaite au milieu de cette troupe étrangère et s'enveloppant étroitement dans le manteau qu'elle avait jeté sur ses épaules. Frêle et élancée, avec ses cheveux blonds et son visage suave, elle semblait, au milieu de tous ces hommes à figure d'ébène, qui s'étaient mis à genoux autour d'elle, elle semblait, disons-nous, un ange lumineux descendu du ciel, devant qui s'inclinaient les esprits des ténèbres. Mais nous chercherions vainement une expression pour rendre la frayeur douloureuse qui s'empara d'elle lorsqu'elle entendit les paroles suivantes prononcées par la voix glapissante du plus hideux de tous :

— Fille du comte Bold, noble fiancée du prince Euric, notre maître nous envoie vers toi pour te parer de ces magnifiques vêtements!

— Quoi! s'écria Alidah, en jetant sur Falrik un regard où l'étonnement, la honte et le désespoir se mêlaient ensemble; quoi! s'écria Alidah, ce sont ces hommes?.....

— Je te laisse avec les eunuques de ton mari, répondit Falrik.

Et, repoussant la fille de son maître qui s'était élancée vers lui, il l'abandonna seule au milieu de cette troupe hideuse.

Nous ignorons ce que peuvent les habitudes

prises dès l'enfance contre les sentiments naturels de la pudeur. Nous ne pourrions dire jusqu'à quel point les femmes de l'Orient, accoutumées au service de ces misérables, poussent le mépris pour leur odieuse présence; mais ce qui nous semblerait encore plus difficile à peindre, ce serait l'effroi de cette jeune fille de seize ans, livrée tout à coup aux mains impudiques de ces esclaves qui avaient encore une face d'homme. Froide, muette, immobile, elle les suivit du regard, lorsqu'ils s'approchèrent du coussin où était placée la blanche tunique de lin.

A ce moment, les esclaves qui composaient ce cortége, à l'exception de ceux qui étaient chargés du soin de vêtir Alidah inclinèrent leur tête jusque sur la pierre : mais la jeune fille ne comprit pas que c'était là un voile qu'on élevait entre elle et tous ces hommes à genoux. Quand les quatre eunuques se furent emparés de la tunique, après l'avoir encensée et saluée, elle pensa qu'ils venaient sans doute la déposer à ses pieds, et son regard les suivit encore avec un dégoût douloureux et humilié : mais elle tressaillit d'un effroi que rien ne saurait peindre, quand deux de ces êtres abjects, la touchant de leurs mains infâmes, lui arrachèrent le manteau et le dernier vêtement qui la couvrait, et le remplacèrent par cette tunique de lin, avec une adresse qui prouvait combien ils étaient accoutumés à ce service. Tremblante, éperdue, portant autour d'elle des regards qui semblaient dire qu'elle se croyait sous l'empire d'un rêve épouvantable, elle ne vit ni le sourire que les eunuques échangèrent entre eux, ni le muet étonnement qui parut sur leur visage; son regard demanda, non pas un refuge, non pas un secours, mais l'aspect de quelque chose qu'elle reconnût; elle s'agita sur elle-même, et secoua son front comme pour chasser le songe hideux qui pesait sur sa raison, et ce ne fut que lorsque les eunuques lui revêtirent la robe magnifique qu'ils avaient apportée, qu'elle comprit enfin la réalité de ce qui se passait, ce fut alors seulement que la honte lui revint au cœur, la rougeur au front, et que la crainte qu'un secret terrible n'eût pas échappé à la curiosité de ces esclaves, l'épouvanta et la fit trembler.

Par le même mouvement rapide qui l'avait saisie à l'aspect de son père, elle croisa ses mains devant elle, poussa un nouveau cri d'angoisse, et, le front baissé, anéantie par l'odieuse torture infligée à sa pudeur de femme, déchirée par l'horreur de l'hymen qui se préparait pour elle, n'ayant plus ni force, ni courage, ni pensées, elle se laissa attacher aux épaules le manteau de pourpre, à la tête la couronne de diamant; et, peut-être serait-elle morte étouffée par tout ce qui grondait en elle de honte et de désespoir, si, lorsque les eunuques s'emparèrent de ses mains pour les orner de bracelets, toute sa douleur n'eût pas éclaté en larmes convulsives et en sanglots déchirants.

Cependant cette heure ne devait pas être complétement malheureuse pour Alidah; car, à peine avait-elle repris assez de raison pour concevoir tout le malheur de sa situation, qu'elle entendit résonner, à la porte de son palais, le bruit des lyres et des cithares accompagnant les voix d'une nombreuse troupe de chanteurs.

A ce signal, les eunuques sortirent de la chambre, et Falrik, qui remplissait, dans la maison, la double charge de chanteur et de maître des domestiques, se présenta et s'approcha d'Alidah qui baissa la tête devant lui. Le vieux serviteur la considéra un moment d'un air mécontent, puis, voyant sa confusion, devinant qu'il y avait peut-être dans son âme plus de honte que de désespoir, il lui dit d'un ton dont la rudesse n'excluait pas la pitié :

— Ton père l'a voulu, enfant, et j'ai dû lui obéir. Je te le jure cependant, si j'avais pu prévoir que ta résistance ne venait pas de ton amour pour un indigne Romain, je te le jure, je n'aurais pas livré la fille de mon maître à la honte de cette cérémonie. Mais celui qui craint la désobéissance pour une chose grave, l'exige pour les choses les plus petites, afin que le cœur, prêt à se révolter, comprenne bien que la volonté qu'il subit est implacable.

Alidah détourna la tête et répondit avec une indignation douloureuse :

— Gloire à vous, nobles Visigoths! qui vous

faites des esclaves de tous les peuples, et qui livrez vos femmes nues à ces esclaves. Dieu soit béni, vous conquérez à la fois les vices et la richesse des nations. Allons, parle, Falrik, reprit-elle en se levant avec une fierté désespérée, quelle nouvelle injure celui qui me vent pour épouse a-t-il à me faire? quel nouvel outrage mon père a-t-il accepté pour moi? et à quelle nouvelle humiliation le vieux serviteur de ma famille va-t-il me conduire?.....

— Ce n'est pas une humiliation, Alidah, c'est un sujet d'orgueil que le spectacle qui va s'offrir à tes yeux. Suis-moi, et tu verras combien le choix de ton père a été plus sage que celui de ton cœur. Viens; et parmi tous ces esclaves et toutes ces richesses qu'il t'envoie, tu reconnaîtras enfin quelle différence sépare le grand Euric et le méprisable Firmin.

— Oui, dit Alidah avec dédain, je sais qu'Euric possède d'immenses richesses.

— Il en est une, reprit le vieux serviteur d'un ton mystérieux, il en est une que tu ne lui con-

nais pas et qui peut-être dans un moment te
guérira de l'amour insensé que tu as dans le
cœur.

Ces paroles de Falrik enlevèrent de nouveau
à Alidah l'espérance que la jeune fille avait conçue par l'absence de son père ; elle craignit que
parmi tous ces présents qui allaient lui être offerts, il ne se trouvât un sceptre et une couronne.
Les projets d'Euric avaient peut-être réussi, une
révolte, un assassinat pouvaient avoir renversé
le roi qui avait promis son appui à Firmin. Poussée
par la crainte de ce nouveau malheur plus qu'elle
ne l'eût été par l'espérance d'un dernier secours;
pressée du besoin de savoir toute sa destinée,
arrivée à ce point d'odieuse incertitude où l'on
n'a de chance de recouvrer quelque force que
dans l'assurance de n'avoir plus d'autre soutien
que soi-même; résolue à mourir, elle suivit avec
rapidité Falrik dans la salle où l'attendait le second cortége de son futur époux. Mais vainement
son regard chercha ces insignes de royauté qui devaient lui dire que pour elle il n'y avait plus d'espérance. Malgré les trésors prodigieux que les

esclaves prosternés devant elle déposèrent à ses pieds, elle se demandait quel était cet objet si mystérieusement annoncé par le vieux serviteur, quand celui-ci ramenant le regard d'Alidah sur le jeune esclave qui était le plus près d'elle, lui dit d'un ton ironique :

—Regarde, Alidah, vois les trésors que possède ton époux, admire la beauté des esclaves qu'il t'envoie.

Et Alidah ayant baissé ses yeux vers celui que Falrik désignait ainsi, elle reconnut Firmin vêtu d'une tunique de soie et portant dans chacune de ses mains un bassin d'argent rempli d'or et de pierreries.

Alidah, quelques jours avant que le malheur ne lui fût venu, était encore plus un enfant qu'une femme. Poursuivie par l'amour impérieux et suppliant du jeune Firmin, égarée par la prédication pernicieuse du moine Barthélemi, abandonnée par son père à la séduction de l'amour et à l'empire d'une nouvelle religion, Alidah, élevée dans le château du comte Bold, ignorante, timide, plus frivole encore que son âge n'eût pu le laisser croire, Alidah avait aimé Firmin, s'était donnée à lui, avait abandonné la religion des siens presque sans se douter de l'importance de toutes ces graves actions.

Plus tard, lorsque le prince Euric, amené chez le comte Bold par ses projets ambitieux, lui parla de son amour et lui montra le trône sur lequel ils pouvaient monter ensemble, Alidah, toujours enfant, joua pour ainsi dire avec ce nouvel amour et ses folles espérances, sans comprendre encore tout ce qu'il y avait de terrible dans sa position. Vivant de l'heure présente, elle n'avait jamais pensé au malheur qui pouvait venir le lendemain; elle ne s'imaginait pas que ce qui n'était pour elle qu'un rêve qui l'amusait, pouvait être pour d'autres un espoir sérieux.

Mais enfin le malheur était venu; ce projet de mariage avec le prince Euric, dont quelques mots lui étaient à peine arrivés parmi les sombres préoccupations des deux conspirateurs, menaçait de se réaliser; Euric remit devant elle à son père les gages de fiançailles ; le jour de la cérémonie fut fixé, et alors la jeune fille comprit tout d'un coup les fautes qu'elle avait commises et les liens qu'elle s'était imposés. Devenue en un moment aussi réfléchie qu'elle avait été légère, elle reporta sur son passé le regard attentif qu'elle ne lui avait pas donné à temps ; elle le vit sous son véritable jour et le comprit enfin dans toute sa gravité.

Heureusement le courage lui vint avec la réflexion, et ne pouvant faire que le passé ne fût pas ce qu'il avait été, elle voulut en subir les conséquences, comme si elle les avait prévues ; elle résolut d'effacer sa faute, autant que possible, en l'acceptant tout entière. Aussi cet amour frivole dont Firmin l'avait raillée si amèrement dans leur dernière entrevue, s'était-il élevé soudainement dans le cœur d'Alidah, à la hauteur, au courage, à la résignation d'un véritable amour. On eût pu même dire que ce n'était qu'à partir de ce moment que Firmin était devenu l'homme à qui appartenait toute la vie d'Alidah.

En grandissant ainsi, cet amour était devenu intelligent, et lorsque Alidah aperçut Firmin sous l'habit d'un esclave, elle n'accepta point comme vraie la dégradation que Falrik avait supposée, et elle se dit aussitôt : « voilà un secours qui me vient. »

Ainsi donc, après le premier moment de surprise que lui causa l'aspect de Firmin, Alidah domina son trouble, et répondit à Falrik en regardant le jeune Romain de manière à lui expliquer sa pensée :

— Tu as raison, le prince Euric m'envoie des trésors et des esclaves que je n'attendais pas, et comme je sais qu'il se connaît mieux que personne à bien choisir ses présents et ses messagers, je suppose qu'il aura chargé le plus noble de me remettre quelques dons précieux dont toi-même, Falrik, tu ne peux pas avoir d'idée.

Firmin ne répondit pas; mais Attale s'étant avancé, s'inclina devant Alidah, et répondit avec toute la ridicule exagération qu'il mettait d'ordinaire dans ses discours :

— Tu as raison, noble Alidah, et c'est par mes mains que le puissant Euric t'envoie le don le plus précieux qu'il soit donné à un prince de faire à sa fiancée. Le poëte Claudien a chanté dans ses vers le mariage de Théodose et d'Eudoxie, l'évêque Sidoine Apollinaire a célébré celui de l'empereur Avitus; mais ces poëtes n'étaient que de médiocres citoyens, dont aucune noble charge n'avait illustré le nom, et il était réservé à toi seule de voir un empereur prêter sa voix et sa lyre à la célébration de ton hymen; car ce que je n'ai pas fait pour ta noble aïeule, l'illustre Placidie, je l'ai fait pour toi, et voici le poëme qui, en plaçant mon nom à côté de celui d'Horace et d'Ovide, mettra celui d'Euric plus haut que le nom d'Auguste et rendra le tien plus illustre que celui de Julie.

Après avoir ainsi parlé, Attale remit à Alidah un long parchemin que Firmin sembla lui recommander du regard; elle le reçut avec un sourire de remerciement pour le vieillard et d'intelligence pour son jeune amant. Et tandis que Falrik riait intérieurement du feint abaissement de Firmin, Alidah ouvrit le manuscrit et put lire les mots suivants qui avaient été tracés à la marge des vers d'Attale :

« Je n'ai trouvé d'autre moyen de t'approcher que de forcer mon tuteur à me recevoir parmi les esclaves d'Euric. Suis le cortége jusqu'au pied de l'autel, s'il le faut. Garde-toi surtout de faire aucun aveu; et, au moment solennel, si Théodoric n'a pas tenu ses promesses, c'est moi qui te sauverai, car si la fiancée ne manque pas au mariage, ce sera l'époux qui y manquera. »

A peine Alidah avait eu le temps de lire cet avis, que le comte Bold reparut; depuis longtemps il était revenu du palais de Théodoric; mais les soins de la journée l'avaient tenu éloigné de sa fille. Son visage, ordinairement sérieux, laissait percer une sorte de joie ironique dont Alidah apprit bientôt la cause. Le comte Bold parcourut lentement tout le cortége d'esclaves qui encombrait les salles de son palais; il sembla compter avec bonheur tous ces trésors déposés à ses pieds; et, après s'être arrêté de temps en temps, comme pour les mieux admirer, il revint vers sa fille et lui dit en la raillant du regard:

— Je m'étais trompé, Alidah; le roi Théodoric ne s'oppose pas à ton mariage avec son frère. Bien loin de là, il veut que tu saches toute la joie qu'il en éprouve; et, craignant peut-être que les présents d'Euric ne suffisent pas à la fille du comte Bold, le roi des Visigoths a voulu y joindre les siens. Ouvrez cette fenêtre, esclaves, et vous allez voir l'estime que notre roi fait de nous, par la magnificence des dons qu'il nous envoie.

La salle dans laquelle se trouvait en ce moment le comte Bold et sa fille occupait à la fois tout le côté droit de la maison carrée qu'ils habitaient, et une partie de la façade de l'édifice, élevé sur une rue qu'on appelait Voie-Sacrée. Le comte Bold conduisit sa fille à une des fenêtres latérales de cette salle, et lui montra une basterne magnifique attelée de quatre vigoureux chevaux: elle pouvait se fermer avec soin et des rideaux de pourpre l'environnaient de toutes parts. Comme d'ordinaire, les quatre chevaux étaient attelés de front, et le siége du cocher était appuyé sur le timon.

— Ne trouves-tu pas le présent véritablement royal? dit le comte Bold d'un ton railleur. On reconnaît ici toute la vertu et toute l'économie de notre roi, quoiqu'il ait voulu prêter à ce don une intention que moi je n'ai pas voulu comprendre.

— Qu'est-ce donc, mon père? dit Alidah, qui cherchait un avertissement caché dans tout ce qui lui était offert. Qu'est-ce donc? et que vous a dit le roi Théodoric, à propos de ce présent?

— Il m'a dit que c'était une excellente basterne de voyage, et que ceux à qui la prudence ordonnait de s'éloigner de Toulouse feraient bien de s'en servir; et il a ajouté qu'ils le pourraient, d'autant plus facilement, que le cocher était habile et qu'il les conduirait par des chemins sûrs partout où ils voudraient aller, même hors des limites du royaume des Visigoths.

— Et que voulait-il dire par là? reprit Alidah, toute tremblante du soupçon qui lui venait à l'esprit.

— Il voulait dire, sans doute, que je ferais bien de quitter Toulouse, pour qu'on ne m'en chassât point, et de choisir un exil pour qu'on ne m'en imposât pas un.

— Oui, oui, je comprends, dit Alidah; après ce qui s'est passé, la fuite est le parti le plus prudent... pour nous.

Et ces deux derniers mots furent portés à Firmin, par un regard, jusqu'au milieu des esclaves où il était caché; il répondit de même qu'il avait compris l'intention d'Alidah. Mais ce regard, si prompt et si rapide qu'il fût, n'échappa point à Falrik; il devina à quoi cette basterne était destinée et se promit de surveiller Firmin d'assez près, pour rendre cette précaution inutile.

Toutefois l'heure se passait et les cloches de toutes les églises agitées d'un même mouvement appelaient la population au temple où la cérémonie allait s'accomplir [50].

Tout à coup le grand murmure qui s'éleva

parmi la foule assemblée devant la maison du comte Bold, annonça quelque chose de nouveau.

Le vieux comte prit sa fille par la main, et la fit asseoir sur l'espèce de trône où son époux devait venir la prendre pour la conduire à l'église. Firmin, demeuré parmi les esclaves qui devaient faire cortége à la nouvelle épousée, se rangea derrière Alidah, et Falrik, qui ne le quittait pas du regard, le suivit de même et se plaça près de lui.

Des fenêtres de cette salle, qui s'ouvraient sur la façade, la vue s'étendait jusqu'à l'extrémité de la Voie-Sacrée, et déjà l'on pouvait voir la tête du cortége qui s'avançait au milieu des flots d'une population curieuse. Les premiers qu'on apercevait étaient des cavaliers maures. Ils ouvraient la marche et faisaient refluer la multitude devant eux. Armés de longues trompettes, ils déchiraient l'air de leur musique barbare, et précédaient un corps nombreux de Visigoths à cheval qui marchaient sans ordre.

Les Maures, comme nous l'avons dit, portaient tous les longs manteaux blancs qu'on leur voit encore de nos jours. Ils étaient armés de javelines qu'ils lançaient à la main; ils n'avaient pour toutes armes défensives qu'une cuirasse en mailles de fer, et un casque qui affectait déjà le cimier pointu et la forme ronde d'une calotte.

Quant aux Visigoths, le luxe de leur costume consistait surtout dans la magnificence des fourrures dont ils étaient ornés. Que ce costume parût barbare au faste des Romains, et peut-être plus encore à leurs habitudes, cela n'est point étonnant. D'ailleurs ce mot barbare ne signifiait pas pour eux ce qu'il signifie pour nous. Il voulait dire plutôt étranger qu'inculte et grossier, et les Visigoths qui apportèrent dans la Gaule une législation toute faite, et presque aussi savante que la législation romaine; une connaissance exacte des temps, une langue qui avait son alphabet particulier, n'en étaient pas à se vêtir sans art de peaux de bête, comme les Huns et les Sicambres. Ce qui surtout choquait les Romains, habitués à leurs toges flottantes, c'était la forme du costume juste-au-corps; l'espèce de caleçon qui couvrait les cuisses et les jambes, et le scapulaire de fourrure qui recouvrait tout cela.

Le comte Bold et sa fille ne s'étaient point approchés des fenêtres; mais le vieux Dicenée, qui venait d'arriver, leur annonçait les merveilleuses choses qu'ils allaient voir, car c'était lui qui avait réglé l'ordre et la marche de la cérémonie, et il l'expliquait ainsi à son maître et à Alidah :

— Voilà près de deux heures que le cortége est parti de la demeure d'Euric, et il avait tant de stations à parcourir qu'il lui a fallu tout ce temps pour arriver jusqu'ici. Il s'est d'abord rendu à l'église de Saint-Pierre, pour prendre les diacres qui doivent porter les voiles de la mariée; de là, il est allé chez l'édile qui s'est joint au cortége avec tous les magistrats de la loi romaine. Pour ne pas manquer à l'ordre voulu en pareille circonstance, il lui a fallu éviter le château Narbonnais, pour aller inviter les frères du roi, avant d'inviter le roi lui-même; de là, il a dû se rendre devant la maison du chef des juges visigoths, de ces interprètes de notre loi, qui occupent, après le souverain, la première place parmi nous; puis, après avoir rempli tous ces devoirs, il est revenu au château Narbonnais où le roi, entouré des plus puissants de la nation, aura pris enfin près du futur époux le rang qui lui convient. C'est là que, sans doute, le prince Euric aura lui-même repris sa place dans le cortége, à moins qu'il ne l'ait rejoint ailleurs.

Le comte Bold, qui avait écouté tout ce récit de Dicenée d'un air de vanité satisfaite, laissa percer son étonnement à cette dernière phrase.

— Comment! lui dit-il, le prince Euric était chez le roi? moi-même, j'y ai été appelé ce matin, et je n'ai pas été informé de sa présence.

— Cependant, reprit Dicenée, il y était vers la troisième heure du jour. Il me donnait ses derniers ordres pour les préparatifs de la cérémonie, lorsqu'un messager est venu et lui a remis un parchemin signé par le roi lui-même, et qu'il a accueilli, après l'avoir lu, avec un sourire de dédain.

« Dites au roi, a-t-il répondu, que ce n'est pas en raison du péril dont je suis menacé que j'irai à son palais avant l'heure de la cérémonie; mais pour donner à l'insensé qui veut m'assassiner l'occasion de le faire, s'il lui prend envie de se trouver sur mon passage; et, aussitôt, il s'est rendu au palais Narbonnais. Malgré son absence et d'après ses ordres, j'ai fait partir les divers cortéges; et ainsi que je te l'ai dit, il a dû rejoindre la marche nuptiale avec son frère.

Jusqu'à ce moment, Alidah, indifférente au récit de Dicenée, avait attendu l'arrivée du cortége dans une immobilité silencieuse et une attente désespérée; mais lorsqu'il en fut au message de Théodoric, elle écouta avec avidité; et, quand Dicenée parla de ce projet vague d'assassinat, elle ne put s'empêcher de chercher Firmin des yeux, et, à l'agitation de ses traits, elle comprit comment *l'époux* selon les termes du billet devait manquer à l'hymen. Falrik suivait trop attentivement tous les mouvements de Firmin pour que ce signe d'intelligence lui échappât, et il se demandait s'il n'était pas de son devoir de le désigner à la vengeance du comte Bold, lorsque Dicenée s'écria.

— Le cortége approche, le voilà ! le voilà !

Et tout aussitôt les trompettes des Maures et des Visigoths firent éclater leurs sons barbares.

Alidah, pareille au condamné à qui l'on a promis sa grâce, et qui marche vers l'échafaud en détournant la tête pour voir si le messager sauveur n'accourt pas derrière lui; Alidah se leva soudainement et tourna autour d'elle ses regards effrayés et qui semblaient demander appui à tout le monde. Tout son corps frissonnait, et ses yeux se fixèrent enfin sur cette fenêtre d'où l'on voyait venir le fatal cortége.

— Point de vaine curiosité, ma fille, dit le comt Bold si enivré de sa bonne fortune qu'il ne comprit rien à l'agitation de sa fille; point de vaine curiosité, ajouta-t-il en la faisant se rasseoir; on dirait que tant de bonheur nous égare et qu'il est au-dessus de nous.

— Ah! reprit Dicenée, voici mes Huns; ma foi, ils font aussi bien avec leurs vétements de peaux de bêtes, que le cortége d'ours que Monko faisait jadis marcher devant lui. Leurs yeux gris brillent sous leurs épais sourcils roux, comme des étoiles dans un nuage rouge d'orage. La graisse qu'ils mettent dans leur barbe étouffera dans l'église tous les parfums des jeunes Romains qui les suivent.

— Point d'impatience, nous les verrons au festin, dit encore le comte Bold à sa fille qui s'agitait sur son siége et dont un tremblement convulsif faisait claquer les dents.

— Maintenant, reprit Dicenée que le comte écoutait avec attention, ce sont les Romains avec leurs armes magnifiques fabriquées à Trèves, et damasquinées à la manière barbare. C'est une chose merveilleuse avec quel art les Francs savent plier l'acier et l'argent à tous les caprices du marteau. Ils fabriquent les armes d'une manière admirable [60].

— Et s'en servent encore mieux qu'ils ne les fabriquent.

— Et pourtant les Romains leur achètent les plus magnifiques.

— Belles armes et pauvre courage! dit le comte Bold d'un air de mépris. Ils ont des épées qu'ils ne peuvent plus porter.

— Le poignard n'est pas si lourd que l'épée, dit Falrik derrière le comte Bold.

Celui-ci allait se retourner pour avoir l'explication de cette parole, quand Dicenée s'écria :

— Et voilà une surprise même pour moi !

— Qu'est-ce donc? dit le comte.

— A la taille démesurée, ce ne peut être que le Bagaude Armand qui conduit cette troupe de Gaulois. Ce n'est pas le luxe des vêtements qui éclate en eux; mais avoir réduit de pareils hommes au rôle qu'ils jouent ici, c'est en vérité la plus belle victoire d'Euric; c'est le plus étonnant et le plus curieux spectacle de cette journée.

La curiosité du comte Bold allait succomber à cette nouvelle tentation, lorsque Dicenée reprit encore et d'une voix triomphante :

— Enfin, j'aperçois au loin Euric sur le cheval richement harnaché dont le roi lui a fait présent.

— C'est probablement, dit le comte Bold avec dédain, par économie pour la récolte de ses foins que le roi dépeuple ainsi ses écuries.

Il se leva pour s'approcher de la fenêtre; Alidah se leva aussi, pâle, éperdue, presque folle. Épouvantée de voir s'avancer ainsi le moment fatal sans savoir de quel côté lui viendrait ce secours qu'on lui avait tant promis, elle se recula en laissant s'échapper de sourdes exclamations. Firmin la suivait des yeux avec non moins de terreur. Enfin au moment où son père lui présenta la main pour la conduire au-devant de l'époux qui venait la chercher, perdant tout espoir et toute raison, elle regarda si elle ne pourrait pas profiter du tumulte qui avait lieu parmi les esclaves assemblés dans cette salle pour tenter la fuite qu'on semblait lui avoir conseillée, et déjà elle avait fait quelques pas, lorsque le comte Bold, triomphant et ne voyant pas son trouble, la prit violemment par la main et la traîna vers la fenêtre, en s'écriant :

— Viens voir quelle magnifique destinée t'attend !...

Comme il prononçait ces paroles, le prince Euric arrivait en face du palais du comte Bold. Il marchait près du dais de soie sous lequel la mariée devait être portée à l'église.

— Viens voir ! reprit Bold, c'est un trône qu'un siége si magnifique !

Mais la place réservée à Alidah était occupée ; une femme vêtue d'une simple tunique de lin blanc, et dont les cheveux d'ébène n'étaient retenus par aucune parure, était assise sous le dais. En passant devant la fenêtre où le comte Bold demeurait immobile, ne comprenant rien à ce qu'il voyait, cette femme releva fièrement la tête, et, après avoir lancé un coup d'œil de mépris au vieillard, elle arrêta sur sa fille un regard de haine qui semblait enfermer un serment implacable de la perdre.

Le comte Bold poussa un cri, laissa échapper

la main d'Alidah, tandis que chacun cherchait à voir ce qui l'avait troublé à ce point; puis, les yeux fixés sur ce dais qui s'avançait lentement et sur cette femme assise à la place de sa fille, il resta un moment muet de stupéfaction. Mais enfin quand cette femme fut précisément en face de lui, ne sachant si c'étaient encore quelques circonstances de cette cérémonie singulière, il dit à Dicenée :

— Mais quelle est donc cette femme?

— Cette femme, répondit celui-ci non moins étonné, mais bien plus épouvanté que son maître, cette femme est Sathaniel.

— Sathaniel! s'écria le comte Bold d'une voix terrible.

Et comme le roi Théodoric suivait le dais de la fiancée, il répondit à ce cri du comte Bold :

— Oui, Sathaniel, l'épouse du prince Euric!

Et le reste du cortége défila silencieusement devant la demeure du noble Visigoth, comme il avait passé devant celles des curieux, qui s'étaient fait un plaisir de venir l'admirer.

Avant de dire l'effet que produisit dans la maison du comte Bold cet étrange événement, il faut raconter comment il avait été amené.

IV.

Théodoric.

Les occupations de Théodoric étaient ordonnées avec une régularité dont il se départait rarement ; il prétendait que l'ordre, dans la vie d'un roi, est une économie pour ses sujets. Grâce à cette régularité, ceux-ci savaient l'heure précise où ils pourraient s'approcher de leur souverain et le moment destiné à chaque espèce d'affaires. Il ne fallait pas moins que des circonstances très-graves pour apporter le moindre changement dans les habitudes de Théodoric; et, lorsque par hasard une partie du jour était consacrée à quelques occupations imprévues ou à quelques cérémonies extraordinaires, Théodoric conservait à l'autre part de cette même journée les travaux auxquels étaient consacrées les heures qui lui restaient libres.

Cette conduite du roi était tellement connue, qu'on ne s'étonna pas de le voir suivre ses habitudes le jour même du mariage de son frère. D'après la route qu'il avait prise, le cortége ne devait arriver au palais que vers la cinquième heure (onze heures avant midi), et ce que, nous pourrions appeler la journée royale de Théodoric était à peu près fini à cette heure. Il la remplit donc comme d'ordinaire: d'abord les soins religieux, puis les affaires publiques de son peuple, ensuite le jugement des discussions des particuliers. Ainsi, en sortant du conseil qu'il avait tenu avec Léon et Gandoin, il se rendit selon son habitude dans la chapelle de son palais, et assista aux offices ou nocturnes [61] que ses chapelains chantaient avant le jour.

L'écrivain romain, qui nous a laissé les détails les plus précis sur la vie de ce prince, accuse cette assiduité de politique, quoiqu'il soit permis de penser, d'après le témoignage même du plus chaud panégyriste des Visigoths, que le remords entrait pour beaucoup dans cette piété royale, et que les prières de Théodoric imploraient plutôt de Dieu le pardon du passé que la bénédiction de l'avenir.

Après avoir quitté la chapelle royale, il se rendit dans la salle d'audience dont les portes s'ouvraient à la première heure du jour. Cette salle était partagée en deux par une balustrade ; d'un côté, se tenaient tous ceux qui venaient réclamer la justice du roi ; de l'autre, siégeait le roi lui-même assisté de ses ministres et toujours accompagné de son écuyer qui portait ses armes. Le tribunal n'occupait point toute la moitié de la salle où il était placé ; il était entouré par un voile, derrière lequel se trouvaient les gardes de

Théodoric, vêtus, comme le dit l'écrivain romain, de leurs habits de fourrure et chargés de leurs armes. De cette manière, la force brutale ne paraissait point à côté de la loi, et ne semblait point l'intimider; mais en même temps invisible et présente, on savait qu'elle ne manquerait pas aux arrêts qui allaient être rendus.

D'abord Théodoric reçut les ambassadeurs des diverses nations qui étaient liées d'intérêt avec lui, ou à qui leur admiration pour un si grand roi inspirait le désir de lui envoyer des présents. Nous n'avons pas le dessein de montrer par quelle relation tous ces peuples étaient unis au peuple visigoth; qu'il nous suffise de dire, qu'à cette audience il se présenta des ambassadeurs francs, sicambres, bourguignons, hérules, sollicitant l'appui de Théodoric ou sa médiation; en même temps, les Romains venaient l'implorer contre les barbares qui dévastaient l'empire; les Perses eux-mêmes lui demandaient des auxiliaires, et l'engageaient à faire une diversion en leur faveur en poussant sa conquête contre les Parthes qui les menaçaient [62].

Si l'on compare nos relations politiques actuelles, à celles qui existaient alors entre des peuples si éloignés les uns des autres, on jugera facilement de la puissance des Visigoths; et peut-être, perdra-t-on l'idée fausse qu'on a de ces temps reculés, et surtout de ces peuples dont les noms sont devenus synonymes d'ignorance et de barbarie. Non seulement on verra, dans ces temps et chez ces hommes, des pouvoirs réguliers et constitués, mais encore une politique extérieure, habile, éclairée, et qui faisait entrer l'action des nations les unes sur les autres dans les calculs de sa conquête.

Tandis que dans nos idées générales, nous sommes accoutumés à les considérer, comme un immense ramas de barbares, de soldats indisciplinés, allant et vaguant à travers les empires; tandis que nous ne voyons en eux qu'un troupeau de bêtes féroces, se repaissant du sang versé, se couchant sur les ruines faites, sans aucun sentiment de prévoyance ni de conservation, nous trouvons, en lisant l'histoire, des hommes aussi adroits politiques qu'habiles guerriers. On reste honteux de ce qu'on appelle la finesse de nos fameux diplomates, lorsqu'on lit les dépêches d'Attila et qu'on assiste à la réception des envoyés romains par ce barbare, à qui l'histoire accorde à peine une face d'homme.

Toutefois ce n'était point dans ses audiences publiques que Théodoric traitait ces graves affaires. Il ne discutait pas en présence de son peuple les traités par lesquels il assurait sa grandeur, mais il aimait à lui donner une haute idée de sa puissance, en lui montrant de quel poids elle était dans les destinées du monde. Après cette solennelle réception, venait l'heure de la justice, et c'est alors que l'on appelait les causes qui devaient se plaider devant lui.

Au moment où on allait faire cet appel, un homme se présenta à la barre. Au milieu des hommes de toutes nations qui étaient alors rassemblés dans la ville de Toulouse, le visage de cet homme et son costume étaient remarquables. Son teint huileux et jaune, sa longue barbe noire et ses longs cheveux noirs lui donnaient un aspect particulier. Une longue robe de soie serrée à la taille par une ceinture crasseuse, et une espèce d'écharpe, qui lui entourait la tête, lui formaient un costume qui ne ressemblait à aucun de ceux que l'on rencontrait ordinairement. L'huissier, chargé de faire avancer les plaideurs, demanda à cet homme ce qu'il voulait.

— Je viens, dit-il, dénoncer un homme qui médite un meurtre.

— Prends garde, dit Théodoric, en l'arrêtant; tu sais que la loi est implacable contre les dénonciateurs; tu n'ignores pas, sans doute, le jugement qui a été rendu, il y a quelques mois, contre deux prêtres qui voulaient accuser une femme d'adultère, et qui, n'ayant pu prouver leur accusation, furent condamnés au supplice qu'ils voulaient lui faire infliger [63]. Comme il ne s'agissait que de deux esclaves fiscalins *, la punition ne fut que de cent coups de fouet, comme elle eût été contre les coupables, si l'adultère eût été prouvé; mais, songe que,

---

* Qui appartenaient à l'état.

lorsqu'il s'agit d'un meurtre, le châtiment est plus grave, et crains qu'il ne retombe sur ta tête.

L'homme qui s'était présenté s'arrêta incertain de ce qu'il devait faire, puis il répondit :

— Je te remercie de ton avis, car il ne s'agit pas du meurtre d'un esclave par un noble, meurtre qui pourrait se racheter moyennant quelques pièces d'or ; il s'agit de l'assassinat d'un noble Visigoth, par un Romain, qu'à sa tunique bleue j'ai cru reconnaître pour un des esclaves d'Euric.

— Quel est cet homme ? s'écria le roi avec vivacité. Sais-tu son nom, et pourrais-tu me le faire connaître ?

—Tu m'as trop bien averti pour que je le connaisse moi-même, répondit cet homme. D'ailleurs, je ne viens pas dénoncer un meurtrier, mais je viens donner avis d'un projet de meurtre, et j'espère que le roi, qui en donne de si prudents à ses sujets, accueillera avec faveur les avis que ses sujets lui donnent.

— Parle, répondit Théodoric ; je suis roi pour tout entendre, même les paroles insolentes que tu as osé prononcer. Qu'as-tu entendu et que viens-tu me révéler ?

— Il y a une heure, l'un des cinquante jeunes gens qui portaient à la fille du comte Bold les présents du prince Euric, s'est détaché du cortége qui passait devant ma porte, et est entré dans ma maison, car je suis marchand d'armes.

— Toi, dit Théodoric en considérant la physionomie tremblante et basse du dénonciateur, tu vends des armes? Mais, tu as raison, tu peux faire ce métier impunément ; car assurément ce ne sont pas des tiennes que tu trafiques, et tu ne crains pas la loi qui punit le soldat visigoth ou romain, qui vend son épée ou son bouclier.

— Non, non, répondit cet homme, ce ne sont pas mes armes, car la conquête romaine me les a arrachées comme à tous les enfants de la Judée.

— C'est un juif, murmura-t-on de tous les côtés avec un accent où perçait déjà la réprobation qui accueillit ce peuple infortuné dans les premiers temps de sa dispersion, qui le poursuivit à travers les siècles et que la civilisation moderne n'a pas encore fait disparaître chez tous les peuples.

— Oui, reprit ce malheureux en se relevant, je m'appelle Salomon, je suis juif et je vois que j'ai eu tort d'apporter ici mon témoignage pour le salut d'un prince visigoth; ainsi je me retire.

— Ce que tu as fait est juste, reprit Théodoric, et je t'en remercierai lorsque tu m'auras dit enfin de quoi il s'agit.

— Eh bien, répliqua le juif, l'esclave dont je t'ai parlé est donc entré chez moi, et m'ayant montré un poignard persan suspendu à la porte de ma maison, il m'en demanda le prix. Je lui dis qu'il lui coûterait dix pièces d'or; le jeune homme accepta sans marchander et, probablement il me l'eût payé beaucoup plus cher si ma probité m'eût laissé le temps de deviner le pressant besoin qu'il en avait. Il cacha ce poignard dans sa tunique, et il avait déjà pris les dix pièces d'or dans un des bassins d'argent qu'il avait déposés sur une table, lorsqu'il les y rejeta avec mépris et en murmurant à voix basse : « Il n'est pas juste qu'il paie le poignard qui doit le tuer. » Puis il s'enfuit après m'avoir remis la somme que je lui avais demandée et rejoignit le cortége qui continuait toujours sa marche.

— Ceci est étrange, en effet, répondit le roi ; et quelle figure avait cet homme, quel était son âge ? Parle, je l'ordonne.

— Le juif hésita ; mais après avoir consulté du regard la figure des juges qui l'écoutaient déjà avec plus d'intérêt, il reprit :

— Je peux bien te le dépeindre, mais je ne m'engage pas à le reconnaître.

On sourit de cette restriction par laquelle le juif se mettait à l'abri des dangers d'une fausse dénonciation ; puis il poursuivit en disant :

— C'était un jeune homme de dix-huit ans, d'une taille élevée, d'un visage noble, ayant les yeux bleus des hommes du nord, et les cheveux blonds de la race des Visigoths, quoiqu'il les portât coupés à la manière romaine.

Théodoric parut étonné.

—Et tu n'as remarqué, dit-il, aucun signe particulier qui puisse te le faire reconnaître parmi ces cinquante jeunes gens envoyés à Alidah?

— Roi, je t'ai dit que je ne le reconnaîtrais pas, repartit le juif; mais si toi-même peux le distinguer à la circonstance que je vais te dire, je ne vois aucun inconvénient à te la révéler. Aucun signe particulier, aucune marque extérieure ne m'a frappé dans ce jeune homme; mais lorsqu'il s'est emparé du poignard, j'ai cru reconnaître son visage. Comme dans une subite apparition, il m'a semblé que j'avais vu autrefois ces traits, il m'a semblé même que j'avais entendu cette voix; puis, après son départ, et lorsque je cherchai à me rendre compte de ce singulier effet, j'ai été frappé d'une soudaine lumière et j'aurais juré presque que j'avais vu le visage et entendu la voix de ton frère Thorismond, comme si Thorismond lui-même venait de sortir de ma boutique; car ton frère était un grand amateur de belles armes; il me rendait souvent visite, et maintes fois il a admiré la forme étrangère de ce poignard.

Le soupçon qui était entré dans l'âme de Théodoric se confirma tout à coup, et durant un moment la pensée de laisser agir la vengeance de Firmin s'offrit à son esprit; mais la crainte du sang répandu chassa bien vite cette pensée. D'ailleurs cette vanité que tout homme possède, cette vanité de vouloir que les événements s'accomplissent comme il les a préparés, ramena Théodoric à son premier dessein. Cependant il profita de cette circonstance pour appeler Euric au tribunal plus tôt qu'il ne l'eût fait peut-être, et, sous prétexte de l'interroger sur cette affaire, il lui envoya le message dont nous avons parlé plus haut. L'idée de se servir aussi de cette découverte contre Firmin se présenta rapidement à lui, et, à tout événement, il ordonna au juif de rester dans l'audience, puis reprit l'ordre de ses occupations et fit appeler les causes.

Selon qu'elles exigeaient un mûr examen ou

une prompte décision, il les renvoyait à l'audience suivante ou rendait son jugement sur-le-champ [64]. Plusieurs femmes parurent, plaidant leur propre cause ainsi que le permettait la loi visigothe [65], et l'une d'elles vint demander l'annulation de son mariage, attendu qu'elle était plus âgée que son mari [66].

D'ordinaire c'étaient les jeunes maris qui profitaient du bénéfice de cette loi ; mais cette femme ayant exposé que le sien avait engagé la totalité de ses biens sans son consentement, on comprit que sa fortune lui était plus chère que son époux, et le roi Théodoric reconnut son droit en cassant immédiatement son mariage.

Pendant ce temps, le prince Euric était arrivé et s'était assis à côté de Léon qui lui avait raconté la dénonciation du juif.

Malgré son audace habituelle, le prince n'avait pu dissimuler le trouble que cette nouvelle lui avait fait éprouver, et le jugement de Théodoric ayant été rendu dans le procès de la vieille femme et du jeune mari, Euric, dit à haute voix :

— S'il n'y a pas d'autre cause qu'on fasse revenir ce marchand d'armes.

— Il y a une autre cause, dit une voix grave qui s'éleva du fond de l'auditoire, et il semble que la justice de Dieu en prédise le succès en la faisant appeler par celui-là même contre qui je demande justice.

Aussitôt s'approchèrent deux hommes conduisant une femme voilée; ils s'arrêtèrent devant la balustrade qui divisait en deux la salle d'audience, et Euric reconnut Haben Moussi, Mascezel, et entre eux une femme dont il n'avait pas besoin de voir les traits pour être assuré que c'était Sathaniel.

Malgré le trouble qui se peignit sur le visage d'Euric, et malgré le calme que conserva celui de son frère, peut-être n'était-ce pas le cœur de l'accusé qui battait le plus vite. Arrivé enfin en présence du projet qu'il avait conçu, Théodoric devait craindre que quelque circonstance ne vînt détruire tous ses calculs, quoiqu'il fût assuré que le mariage de son frère avec la fille du comte Bold ne s'accomplirait pas. Mais ce n'était pas là le but véritable où il voulait arriver; selon ses vues, Euric devait sortir de cette audience déconsidéré pour jamais aux yeux de tous les Visigoths. Ce fut donc d'une voix mal assurée et qui révéla à Euric que son frère n'était pas étranger à cette apparition ; ce fut donc, disons-nous, d'une voix mal assurée, que le roi adressa la parole au vieux Haben Moussi.

— Qui es-tu? lui dit-il, et que demandes-tu?

— Je m'appelle Haben Moussi, répondit le vieillard, comme si le roi ne le connaissait pas, et je viens demander que ton frère tienne la promesse qu'il a faite à ma fille.

— Quelle est cette promesse? repartit Théodoric, en regardant son frère qui, le coude appuyé sur le bras de son siége et le front soucieux, semblait plus attentif à sa propre pensée, qu'à ce qui se disait devant lui.

— C'est la promesse d'épouser ma fille, dit Haben Moussi.

Il se fit un moment de silence, comme si l'on eût voulu donner à Euric le temps de réclamer, mais il demeura immobile. Il se passait en ce moment dans l'esprit d'Euric une de ces révolutions soudaines qui étonnaient souvent ceux qui croyaient le connaître. Ainsi on le voyait poursuivre avec une persévérance infatigable les projets les plus difficiles, et quelquefois les abandonner avec une insouciance qui semblait se rebuter du moindre obstacle. Si l'on eût étudié à fond ce caractère, on n'eût pas attribué, comme on le faisait, à l'inconséquence et à la légèreté ces conversions rapides et ces retraites précipitées. Euric était un de ces esprits qui disputent la victoire tant qu'il y a des chances de l'obtenir, mais qui se retirent du combat dès l'instant qu'ils la jugent impossible.

En cette circonstance, il devina qu'on l'avait amené dans un piége d'où il lui serait difficile de sortir. Sans connaître les ruses de ses ennemis, il les savait assez habiles pour être persuadé que toutes les précautions étaient prises contre lui. Il comprit qu'il allait payer le pardon accordé chez le comte Bold, et, sûr d'être vaincu, il tenta de rabaisser la victoire de son frère en n'essayant pas même de combattre. Il ne sembla donc pas entendre la réclamation d'Haben Moussi, et força le roi à lui adresser de nouveau la parole.

— Mon frère, dit Théodoric, avez-vous fait quelque promesse à cette femme?

— En vérité, répondit Euric, je n'en sais rien; mais probablement tout cela est assez bien arrangé pour que je l'aie faite... Continuez, continuez.

Le roi fut troublé de cette espèce d'indifférence à laquelle il ne s'attendait pas, et il demeurait assez embarrassé de poursuivre son interrogatoire, lorsque Léon vint à son secours, en lui disant :

— Avant de rendre justice à cet homme, il est nécessaire de savoir en vertu de quelle loi il la réclame; car, à son vêtement, je dois penser que c'est un de ces Maures qui n'ont point de tribunal particulier parmi nous.

— Je serai juste, dit le vieux Haben Moussi, et je n'invoquerai que la loi de celui contre qui je demande justice.

— Tu choisis donc la loi visigothe? reprit Théodoric, revenu de son trouble.

— Je la choisis.

— Jure donc de l'accepter dans tout ce qu'elle peut avoir de favorable et de défavorable à ta cause.

— Je le jure.

— Jure-le aussi, jeune fille.

Sathaniel tendit sa main vers les juges; mais, avant qu'elle eût prononcé le serment, Léon lui dit :

—Femme, lève ton voile; c'est le visage découvert qu'il faut prêter un serment; afin que les hommes puissent voir si la conviction est dans les traits, comme dans le geste et dans la voix.

Sathaniel leva son voile. Tous les regards cherchèrent cette beauté surprenante dont on faisait de si merveilleux récits; et tous, en la voyant, la trouvèrent si fort au-dessus de ce qu'ils s'étaient imaginé, qu'un long murmure d'admiration courut dans toute l'assemblée.

Euric lui seul détourna la tête comme s'il cherchait quelqu'un, et le roi, d'autant plus empressé de satisfaire les moindres désirs de son frère qu'il allait lui porter un coup plus redoutable, lui dit aussitôt :

— Que demandez-vous?

— Je cherchais, répondit Euric avec indifférence, si notre frère Frédéric n'était pas ici, car je m'étonnais que son admiration pour la beauté de Sathaniel n'eût pas été plus bruyante que celle de tous ces nobles Visigoths; mais continuez, continuez.

— Vous jurez donc, jeune fille, reprit Léon, d'accepter la loi visigothe dans tout ce qu'elle peut avoir de favorable et de défavorable à votre cause?

On n'entendit pas les mots « je le jure » que prononça Sathaniel, car Euric s'écria avec quelque impatience :

— Elle le jure; vous savez bien qu'elle le jure. Dépêchons, car ni vous ni moi, n'avons de temps à perdre.

La contenance d'Euric donnait à cette scène un aspect bien différent de celui qu'on avait prévu. Le roi et tous les nobles Visigoths en étaient si surpris, que tout ce plan, longuement préparé à l'avance, eût peut-être échoué faute d'être bien dirigé, si l'impassible Léon n'avait encore une fois repris la parole.

— Et sur quoi, dit-il à Haben Moussi, appuyez-vous, en vertu de la loi visigothe, votre demande contre le prince Euric?

— Sur les arrhes que j'ai reçues, répondit le vieux Maure; et ces arrhes, les voici.

Et tout aussitôt il montra l'anneau d'Euric, et le remit à un des juges, qui le fit passer au roi.

— C'est votre anneau, en effet, mon frère, reprit celui-ci; le reconnaissez-vous?

— Certainement; et je suis ravi de le retrouver, car voilà près de six jours que je le croyais perdu.

— Voulez-vous dire par-là, reprit Théodoric,

qu'il vous a été surpris et que vous ne l'avez pas donné à cette femme?

— Je ne prétends rien, répondit Euric; cette femme a mon anneau, et c'est à vous de juger si une pareille preuve suffit pour que je sois condamné à l'épouser.

— Il a raison, reprit Léon, en s'adressant au roi; cet anneau peut avoir été surpris, volé, et ce n'est pas une preuve suffisante, si le plaignant ne peut justifier qu'il lui a été remis comme gage de fiançailles.

Euric regarda Léon d'un air railleur, et lui dit gaiement:

— Très-bien, noble Romain; vous faites ressortir à merveille toute l'habileté de votre comédie : voulez-vous me permettre de vous y aider?

Puis se retournant vers le vieillard, il lui dit:

— Allons, Haben Moussi, pourquoi hésiter à répondre? Tu peux en appeler au témoignage de tes juges eux-mêmes, car plusieurs d'entre eux, et le plus puissant de tous, peuvent attester m'avoir vu remettre cet anneau à mon bouffon Kamal, pour le porter comme gage de fiançailles à la belle Sathaniel.

— Nous ne pouvons porter de témoignage dans une affaire dont nous sommes les juges, dit Théodoric; et si Haben Moussi n'a pas d'autres témoins à produire, il peut se retirer.

— Ce ne sont pas les témoins du message, mais le messager lui-même que je veux faire parler, dit Haben Moussi.

Il s'écarta de la barre, et le bouffon Kamal parut aussitôt.

—Ah, te voilà! dit Euric; à la bonne heure, je t'attendais; car une comédie sans bouffon me semblait manquer de son personnage le plus important; voyons, parle!

Kamal, que l'ironie de son maître n'avait point troublé, répondit sans hésiter :

— Je jure qu'il y a huit jours, le prince Euric m'a dit, dans cette salle même, et au sortir d'une audience pareille à celle-ci : « Prends cet anneau, et va le porter à Sathaniel comme le gage de notre futur hymen. »

— Cela est vrai, murmurèrent quelques voix parmi les seigneurs visigoths.

— Ne témoignez pas, mes juges, dit Euric; notre roi vient de vous avertir que cela n'était pas permis par la loi, et comme la loi est une chose sacrée ici, je crois devoir vous la rappeler. Elle dit, si toutefois je ne me trompe, car je ne suis pas bien sûr de connaître notre loi, elle dit quelque part qu'un seul témoin n'est pas un témoin; qu'en pensez-vous, savant Léon?

— C'est un axiome de la loi romaine, dit Léon; c'est un axiome de toutes les lois humaines, et il se trouve aussi dans la loi visigothe; ainsi donc, Haben Moussi, réponds, as-tu d'autres témoignages à fournir sur les projets d'hymen d'Euric avec ta fille?

— Il reste encore le mien, dit un homme colossal en sortant de la foule.

Euric reconnut le Bagaude Armand.

Cette apparition soudaine déconcerta le prince; et, malgré la résolution de calme qu'il avait prise, il fut si irrité de voir que l'habileté de son frère avait séduit jusqu'à ce rebelle, qu'il s'écria violemment :

— Cet homme est hors la loi, cet homme ne peut témoigner.

— Cet homme a fait sa soumission aujourd'hui même, dit Théodoric, et il n'a plus rien à craindre des lois qu'il a reconnues.

— Et qu'a-t-il a dire? reprit Euric, d'une voix dont tous ses efforts ne pouvaient dompter l'émotion.

— J'ai à dire, répondit Armand, que tu es venu il y a huit jours pour me demander si je voulais me mêler à la cérémonie de ton mariage; et quand je t'ai demandé s'il s'agissait de ton mariage avec Sathaniel, tu m'as répondu : Oui.

Euric, qui jusque-là avait fait bonne contenance, cacha son visage dans ses mains, et ses doigts crispés sur son front laissèrent voir la rage impuissante qui s'était emparée de lui et qui avait fini par le dominer; cependant il se leva soudainement, et prenant la parole avec fierté, il s'écria :

— Et si je vous disais pourquoi j'ai remis cet anneau à Kamal, pourquoi j'ai caché l'usage auquel je le destinais sous les paroles que vous avez entendues, oseriez-vous me condamner à épouser cette femme ?

L'autorité avec laquelle Euric prononça ces paroles rendit l'assemblée incertaine, et chacun s'interrogeait du regard, lorsque le farouche Gandoin se leva aussi, et menaçant Euric d'un geste insolent, il lui répondit :

— Alors nous chercherons quel est l'usage que l'esclave a fait de cet anneau, alors nous le découvrirons sans doute; et lorsque nous en serons informés, non pas dans le château du comte Bold et dans une réunion de chasseurs, mais ici, dans cette salle où siége le tribunal suprême des Visigoths, nous aurons à juger si cet usage a été innocent ou s'il ne mérite pas une condamnation plus terrible et plus prompte que celle que demande ce vieillard.

Euric garda encore un moment le silence; il comprit que toute lutte était impossible, et se repentant déjà d'avoir dit un mot qui pût faire croire qu'il avait voulu se défendre, il se mit à cligner des yeux et à regarder Gandoin, dont l'attitude et le regard le menaçaient avec autant de férocité que d'insolence, et il lui dit, pendant que toute la salle restait dans l'attente, épouvantée du sombre accent et de la colère de Gandoin :

— Essuie ta moustache, il y a du sang royal.

Puis il se rassit, et reprenant son ironie, il répliqua :

—Allons! les rôles étaient bien appris et surtout bien distribués, et comme vous savez mieux que moi, sans doute, que la loi ne permet pas aux nobles visigoths de se défendre eux-mêmes, comme je ne vois aucun avocat qui consentît à se charger de ma cause, il ne vous reste plus qu'à prononcer la sentence.

Pendant que les juges entouraient le roi pour donner une apparence de délibération à leur décision, on entendit les premiers chants du cortége qui venait chercher Théodoric.

— Hâtez-vous! s'écria son frère; car l'heure de la cérémonie approche, et je ne veux pas faire attendre le vénérable évêque de Saint-Pierre.

Tout le monde crut qu'Euric bravait jusqu'au bout la justice dont on le menaçait. Les juges indignés reprirent soudainement leur place, et Léon prononça d'une voix forte le jugement suivant :

« Attendu que le prince Euric a donné à Haben Moussi, homme libre, vivant sous la loi visigothe, et à Sathaniel sa fille, femme libre, vivant sous la même loi, les arrhes de son prochain hymen avec elle, les juges de sa nation le condamnent à épouser Sathaniel dans le délai de deux jours. »

— Sur l'heure! s'écria Euric: le condamné qui a subi sa peine n'est plus coupable, et je ne veux pas qu'un prince visigoth demeure deux jours sous le poids d'une condamnation ; d'ailleurs, reprit-il en riant, je veux profiter des dépenses que j'ai faites. Cela est d'un prince rangé; n'est-ce pas, mon frère?

A peine avait-il achevé que Frédéric, à la tête d'une troupe de jeunes Visigoths, entra dans l'assemblée.

— Roi, dit-il à Théodoric, ton âge te donne sur nous les droits d'un père, et c'est en cette qualité d'abord, et ensuite comme souverain, que je viens t'inviter à assister au mariage du plus puissant de tes sujets.

Le roi et tous ceux qui l'entouraient saluèrent en silence, et Frédéric s'adressant au futur époux, ajouta.

— Et maintenant que le fiancé nous suive, puisque nous le trouvons ici.

— Tu y trouveras plus que le fiancé, répondit Euric, et la fiancée partira aussi de ce palais.

— Quoi! la fille du comte Bold est en ce lieu, reprit le jeune prince en regardant autour de lui; où donc est ton épouse, Euric?

— La voici, répondit son frère en arrachant tout-à-fait le voile de Sathaniel.

— Sathaniel! s'écria le jeune homme.

— Sathaniel! repartit Euric, n'est-ce pas qu'elle est bien belle?

Et donnant la main à son épouse, qui n'avait pas prononcé une parole durant ce long débat, il la conduisit fièrement jusque sous le dais préparé pour Alidah. Le roi et les nobles visigoths le suivirent; le cortége se remit en marche, et nous avons dit comment il arriva et passa devant la maison du comte Bold.

V.

La Nuit des noces.

Après ce que nous venons de raconter, cette journée s'acheva comme elle avait été ordonnée par le prince Euric. La cérémonie de son mariage s'accomplit à l'église de Saint-Pierre ; et, au sortir du temple, le frère du roi rentra dans son palais ; mais, avant de s'y rendre, il s'approcha de Théodoric, et lui dit avec cette légèreté que rien ne semblait pouvoir troubler :

— Comme il faut que la comédie soit complète, mon frère, obligez-moi de remplir auprès de Sathaniel le rôle des amis de sa famille ; vous savez que c'est notre coutume de feindre d'enlever de vive force la fiancée, à son père et à sa mère, et de la conduire pour ainsi dire malgré sa résistance dans la maison de son mari et jusque dans la chambre nuptiale [65]? Faites cela pour moi. Notre frère Frédéric est un aimable jeune homme, qui doit s'entendre mieux que vous à ces joyeuses fêtes d'un jour de noce; il vous aidera, si vous voulez, et vous enseignera comment il faut s'y prendre. Quant à Sathaniel, je suppose que vous l'avez assez bien instruite à faire vos volontés, pour qu'elle se prête de bonne grâce à la plaisanterie. Vous qui en avez fait une Visigothe et une princesse, vous pouvez en faire sans doute une vierge.

Malgré sa gravité ordinaire, Théodoric consentit à ce que son frère lui demandait, et le laissa s'éloigner pendant que Sathaniel restait silencieuse entre son père et son frère, sous le porche de l'église. Puis, quand il supposa qu'Euric devait être rentré dans son palais, il annonça aux nobles visigoths qui étaient restés près de lui, qu'il était temps de conduire la mariée chez son époux. Mais il s'en trouva très-peu qui consentissent à prendre part à une cérémonie dont chaque circonstance était une injure pour Euric. Il leur semblait dangereux d'irriter la haine d'un homme qu'ils savaient habile à se venger, d'un prince que la mort de Théodoric pouvait amener naturellement sur le trône. Et si ce n'eût été Garpt, qui gardait le souvenir de l'assemblée du comte Bold, et qui saisit l'occasion de flatter la volonté du roi et de braver Euric; si le jeune prince Frédéric lui-même n'eût cru devoir, par obéissance pour le roi, aider à cette plaisanterie, sans doute Sathaniel eût été obligée de gagner à pied la maison de son époux.

Il n'en fut pas ainsi. Enlevée dans les bras de Garpt, de Frédéric et de quelques autres jeunes gens toujours prêts à se mêler à un tumulte quel qu'il soit, Sathaniel fut portée en triomphe jusqu'au palais d'Euric. Le prince l'attendait à l'entrée principale. Lorsqu'elle parut et toucha du pied le seuil de cette maison, Euric la reçut du même air railleur qu'il avait eu durant toute la cérémonie; puis, lorsqu'elle passa la porte de cette maison, il lui tendit la main et lui dit gaiement :

— Soyez la bienvenue dans cette demeure, et puisse le bonheur que vous y apportez pour moi, s'y trouver aussi pour vous!

A peine avait elle fait quelques pas dans le palais, qu'Haben Moussi et Mascezel y entrèrent derrière elle. Alors Euric se retournant vers eux, reprit amèrement, en s'adressant d'abord à Mascezel.

— Entre, esclave, c'est ici ta demeure; et comme tu l'as oublié pendant huit jours, je ferai en sorte que tu t'en souviennes à l'avenir. Esclaves, ajouta-t-il d'une voix retentissante, emparez-vous de cet homme, et qu'on lui applique cent coups de fouet pour lui apprendre l'obéissance qu'il doit à son maître.

Mascezel demeura impassible. Haben Moussi, seul, s'écria violemment :

— Oserais-tu faire frapper ainsi le frère de ton épouse ?

Euric se retourna, la colère sur le visage.

— Quant à toi, vieillard, lui dit-il, tu as une maison et un foyer que tu dois à ma libéralité; retourne-s-y, et n'oublie pas que les pierres qui pavent ma demeure brûleront la plante des pieds de mes ennemis, et que celles qui couvrent son toit écraseront leur tête. Si tu es prudent, n'y rentre donc jamais.

Le vieillard se retourna lentement en cachant sa tête dans ses mains ; et Théodoric, touché de la douleur qui parut sur les traits d'Haben Moussi, essaya de s'interposer ; mais Euric lui répondit amèrement :

— Y a-t-il quelques lois qui m'obligent à recevoir le père de mon épouse ?

— Aucune loi ne peut vous y forcer; et cependant il serait plus convenable...

— Nous vivons sous le règne des lois, mon frère; il me semble que vous avez assez appuyé leur joug sur ma tête, pour que je refuse d'en subir un autre. Allons, amis, allons, que cela ne trouble en rien la joie d'un pareil jour.

Durant tout cet incident, Sathaniel avait tenu les yeux baissés vers la terre; mais quand Euric s'approcha d'elle, elle leva sur lui ce même regard qu'elle avait envoyé à Alidah, et continua sa marche sans prononcer une parole.

Puis vinrent le festin, les chants des Huns, les chœurs des Romains, les danses des esclaves; et quand la nuit fut assez avancée pour que tout le monde dût se retirer, Sathaniel fut conduite à sa chambre nuptiale par les femmes qui avaient assisté le matin à la cérémonie du mariage. Un moment après qu'elles l'eurent quittée, Euric, qui était resté dans la salle du festin avec son frère et quelques autres Visigoths; Euric, dont l'enjouement et la gaieté ne s'étaient pas démentis un seul moment pendant toute cette journée, Euric se leva tout à coup, et dit à ses convives en prenant au mur une épée et un poignard qui y étaient suspendus :

— Il est temps que je vous quitte.

— Où vas-tu? s'écria le jeune Frédéric, épouvanté de l'usage qu'Euric semblait vouloir faire de ces armes.

— Je vais dans la chambre nuptiale où Sathaniel m'attend.

Puis il s'éloigna au milieu de la stupéfaction générale, en lançant à tous ceux qui l'entouraient un regard de haine et un sourire de mépris.

— Mon frère, mon frère, reprit vivement le jeune Frédéric, en s'adressant au roi; le laisserez-vous sortir ainsi?

Euric se retourna à cette parole, pendant que Théodoric répondait à son jeune frère :

— Il est le maître d'accomplir ce crime.

— Et vous êtes le maître de le punir, dit Euric, du seuil de la porte où il était arrivé. Vous êtes un juge trop juste, pour que je sois jaloux de recourir encore à votre équité. Je connais la loi sur les homicides.

Il disparut alors et se rendit à la chambre de Sathaniel. Elle était seule; et, selon l'usage, les femmes qui l'avaient accompagnée l'avaient laissée dans le lit nuptial. Lorsqu'Euric entra tenant son épée nue à la main, elle se leva sur son séant, et, malgré la froide résolution qu'elle avait montrée pendant toute cette journée, elle ne put s'empêcher de pâlir. Euric s'aperçut de ce mouvement, et lui dit sans en paraître irrité :

— C'est ma coutume d'aller chez mes ennemis avec des armes.

Sathaniel maîtrisa son émotion et dit à Euric :

—C'est donc en ennemie que vous voulez traiter votre épouse?

— Mon épouse? repartit le prince d'un ton ironique.

— Ne la suis-je pas? reprit Sathaniel.

— On me l'a dit, et je suis forcé de le croire; mais écoute moi bien, Sathaniel, car voici probablement la première et la dernière fois que nous aurons un entretien ensemble.

Sathaniel se recula sur son lit, et Euric ajouta :

— Ne tremble pas, tu vivras.

Il s'arrêta et reprit amèrement :

— Oh! oui, tu vivras maintenant. Tu as tant de bonheur à espérer! Écoute-moi donc : tu es ambitieuse et je suis ambitieux; tu as voulu être mon épouse et moi j'ai voulu être roi. Rappelle-toi la rage que tu as dû éprouver quand tu as cru tes calculs trompés, et tu comprendras la colère qui doit m'agiter maintenant que ta complicité avec mon frère a fait échouer tous les miens; quand tu as appris que je t'abandonnais, tu m'as maudit, n'est-ce pas? tu as juré de te venger et de me perdre, et tu l'as fait. Maintenant que je suis à la place où tu étais, je fais ce que tu as fait; je jure de me venger et de te perdre, et je le ferai.

— Ainsi, dit Sathaniel, tu as chassé mon père, tu as fait fouetter mon frère, et tu ne me réserves à moi que haine et mépris! Euric, Euric, prends garde; tu sais bien que je ne le souffrirai pas.

Et en parlant ainsi, elle se leva tout-à-fait, et sa main jetée derrière elle, cherchait dans les plis de la toile qui couvrait le lit, la lame d'un poignard qu'elle y avait caché.

Euric s'en aperçut, et lui dit avec sa raillerie accoutumée :

— Je sais tout ce dont tu es capable, Sathaniel, et tu vois qu'en prenant des armes pour venir passer près de toi la première nuit de nos noces, je t'avais bien jugée. Je te connais, Sathaniel, et je vais te le prouver mieux que tu ne le penses. Lorsque tu disais à ton amant, que ton amour pour lui t'avait fait oublier les saints devoirs de la pudeur, ton amant feignait de te croire, et toi, le voyant si candide et si facile à tromper, tu as jugé qu'il était aisé d'en faire un époux; tu as pensé que l'amour m'aveuglait; tu n'as pas compris que je ne pouvais ignorer ce que tout le monde sait si bien, et que je n'acceptais si facilement le rôle d'amant trompé, que pour tromper les regards qui m'observaient. Je n'ai pas réussi; et ce que tu comptais obtenir de ma faiblesse, tu me l'as fait imposer par la violence : on t'a donné le nom de mon épouse. Tu le garderas donc jusqu'à ce que je puisse te l'ôter.

— C'est là ton projet? dit Sathaniel.

— Tu vois que je suis franc, que je ne te cache point mes desseins, et il en est un dont je dois t'instruire et que j'espère mener à bonne fin, quoiqu'il soit peut-être le plus difficile de tous. Tu as voulu le nom de mon épouse, tu le garderas, te dis-je, et tu le garderas sans tache; tu le garderas sans qu'aucun de ces charmes qui te font si vaine, puisse te servir à rendre moins pesant le fardeau que tu as choisi. Je sais qu'il ne manque pas parmi les nobles visigoths, et jusque dans ma famille, de beaux jeunes gens qui ne demanderaient pas mieux que de te consoler des ennuis d'un si triste mariage; mais à partir de ce jour, j'ai juré de fermer la porte de ma maison sur notre bonheur.

— Je ne crains point la solitude, dit Sathaniel.

— Sans doute, reprit Euric, le solitude n'est pas une si bonne gardienne qu'on ne puisse quelquefois y introduire un amant en l'absence de l'époux ; aussi je t'ai choisi un compagnon qui tiendra dans cette chambre la place que je devrais y occuper.

— Soit, dit Sathaniel ; mais dis-moi, es-tu bien sûr de la femme que tu as choisie ? Et puisque tu me connais si bien, n'as-tu pas prévu que j'ai assez de larmes feintes pour la tromper et l'attendrir ?

— Fussent-elles véritables, répondit Euric avec une expression cruelle, et j'espère qu'un jour elles le deviendront, fussent-elles vraies et sincères, le compagnon que je te donne a un cœur de glace que toutes tes douleurs n'amolliront pas.

En disant ces paroles, il frappa à une porte, et

un esclave noir entra dans la chambre de Sathaniel. Elle se rejeta dans son lit en s'écriant :

— Quoi ! c'est cet homme qui doit me garder ?

— Oui, dit Euric, en riant; voilà le compagnon que je t'ai destiné; et il est assez hideux pour que tu ne tentes pas de le séduire.

— Et si je le tentais? s'écria Sathaniel, révoltée de l'insolence d'Euric.

— Essaie, répondit celui-ci, avec un rire méprisant.

Puis il ajouta après un moment de silence :

— Eunuque, je t'ai commandé de rester debout au pied du lit de ta maîtresse et de la garder l'œil ouvert sur elle; demande-lui si elle a une meilleure place à t'offrir.

En disant ces paroles, Euric fit un geste pour s'éloigner, et Sathaniel s'écria :

— Tu sors?

— Oui, répondit-il; je vais chez le comte Bold

demander à la belle Alidah de me garder son amour.

— Éros, ajouta-t-il en s'adressant à l'eunuque, songe que cette femme est la mienne.

Alors il quitta la chambre, et Sathaniel demeura seule avec l'eunuque, qui alla se placer debout au pied de son lit, en attachant sur elle son regard insolent. Sathaniel abaissa d'abord ses paupières sur ses yeux comme un voile devant ses pensées, et durant près d'une heure elle se tint immobile. Renfermée en elle-même, elle y discuta sa vie, et ne sembla s'éveiller de sa réflexion que lorsqu'elle eut à commencer la lutte. La première chose qu'elle aperçut, fut le regard implacable de l'eunuque. Sathaniel le supporta avec un calme singulier, elle sembla mesurer ce qu'il avait de force ; puis après avoir laissé échapper un sourire de mépris, elle fixa à son tour sur l'esclave ses yeux qui semblaient être doués de la puissante fascination des serpents de l'Afrique et vit bientôt le regard d'Éros se troubler et se baisser devant le sien.

Elle sourit.

L'eunuque s'éloigna et se posa à l'autre bout de la chambre ; de là il osa lever les yeux sur Sathaniel, et retrouva les yeux de Sathaniel attachés sur lui. Il en sortait comme une flamme sinistre qui dévorait. Ces yeux semblaient avoir la profondeur d'un abîme. On prenait le vertige et la peur à les regarder. Dix fois Éros voulut éviter ce regard qui vibrait comme une étoile, et dix fois il fut ramené par une force invincible à chercher ce regard qui le fascinait et semblait l'enlacer comme les plis d'un reptile. Dans un dernier effort, il saisit le flambeau qui éclairait la chambre et l'éteignit ; et alors il osa rouvrir ses yeux qu'il tenait fermés ; mais alors au milieu de l'obscurité, il vit reluire les yeux de Sathaniel comme ceux d'un tigre ou d'un démon. Sathaniel entendit ses dents claquer de frayeur et son corps trembler d'épouvante, et elle murmura :

— Euric, Euric, prends garde ; mes regards font naître la terreur comme l'amour : ce n'est pas vainement que je m'appelle Sathaniel.

Cependant Théodoric avait quitté le palais de son frère, et il regagnait le château Narbonnais, accompagné d'esclaves armés de torches. Il marchait en s'appuyant sur le bras de Léon, et causait avec lui en se félicitant du succès que ses mesures avaient obtenu.

— Il me semble qu'Euric, lui disait-il, a été admirablement pris dans tous les piéges qu'il nous avait tendus.

— Oui, dit Léon, la réussite a été complète; et un seul jour a suffi pour perdre à jamais tous vos ennemis.

— Vraiment, dit le roi, le plan de mon frère Euric était assez habile, et il nous a merveilleusement servi; lorsque j'ai appris que son mariage avec Sathaniel cachait ses projets d'union avec la fille de Bold, sa ruse m'a semblé assez adroite.

— Elle n'est pas nouvelle, dit Léon [66]; et Eutrope, le premier eunuque d'Arcadius, s'en servit, il y a à peu près un siècle, pour substituer la belle Eudoxie à la fille du premier ministre Ruffin. Tandis que celui-ci attendait le cortége impérial qui devait prendre sa fille et la conduire à l'église, Eutrope s'arrêta devant la maison de la belle Eudoxie, la revêtit de la robe nuptiale et de la couronne d'impératrice, et la conduisit en triomphe au palais et au lit d'Arcadius; il en eût été de même, si ton frère n'eût pas été obligé d'annoncer publiquement son mariage; et tandis que Sathaniel l'eût attendue, sans doute Alidah eût pris sa place dans le cortége nuptial.

— Et il en a été de même, reprit Théodoric en riant; j'ai trouvé la ruse de mon frère si excellente, que je m'en suis servi, et Sathaniel a remplacé Alidah. Mais j'ignore encore tout le résultat de cette journée, et il te reste maintenant à m'apprendre ce qui est arrivé chez le comte Bold, car Gandoin a dû t'en instruire.

— D'après votre ordre, Gandoin se détacha du cortége et entra dans la maison du comte Bold, à la tête de quelques soldats; il trouva le vieillard cloué pour ainsi dire à sa place par la colère et le désespoir. Sa stupéfaction était si grande, qu'il n'entendit pas l'ordre que Gandoin donna aux esclaves de rejoindre la marche du cortége. Alidah, que la présence de Sathaniel n'avait point frappée au milieu de son propre désespoir, Alidah qui ne comprenait rien à la stupéfaction de son père, poussa un cri d'effroi en apercevant Gandoin, s'imaginant qu'il venait la chercher pour la mener à l'église. Elle crut que tout espoir était perdu pour elle ; et, se rattachant à la dernière chance de salut que tu lui avais offerte, elle se précipita hors de la maison de son père, monta dans la basterne qui l'attendait; et, selon tes ordres, le cocher mit aussitôt ses chevaux au galop et l'emmena hors de la ville.

— Tu es sûr de cet homme, n'est-ce pas? dit le roi, et il la conduira directement au monastère de Barthélemi qui doit la tenir cachée jusqu'à ce que j'aie décidé de son sort.

— Le cocher exécutera fidèlement tes intentions.

— Et Firmin, reprit le roi, a été sans doute arrêté par Gandoin.

— Ce n'est pas Gandoin qui l'a arrêté. Au moment où Alidah s'est enfuie, il s'est élancé pour la suivre ; mais le vieux Falrik l'a retenu ; Firmin a voulu se débarrasser de lui et a essayé de le frapper de son poignard, mais Falrik ne lui en a pas donné le temps et l'a renversé d'un coup d'épée.

— Ainsi, il est mort! s'écria Théodoric en s'arrêtant soudainement.

— Il est blessé assez légèrement pour qu'on ait pu le transporter dans la prison où il doit demeurer, comme accusé de projet de meurtre sur la personne du prince Euric.

— Blessé! reprit le roi, profondément abattu : il faudra donc que ce sang coule toutes les fois que mon trône sera en danger! blessé! répéta-t-il en poussant un long soupir. Tu iras voir ce jeune homme, Léon, tu lui donneras les secours les plus empressés, tu lui diras que son arrestation n'est qu'une mesure de sûreté, tu lui diras qu'Alidah est sauvée et que tous deux ils recouvreront leur liberté, s'ils veulent quitter les Gaules et aller se cacher dans quelque contrée éloignée.

— Ne doute point qu'il n'accepte avec reconnaissance; menacé qu'il est pour un crime que la loi punit sévèrement; séparé d'Alidah, le sort que tu lui offres dépassera de beaucoup les espérances qu'il peut encore concevoir.

— Que Dieu fasse qu'il en soit ainsi, dit Théodoric, et je n'aurai plus rien à lui demander; car j'ai mis un terrible frein aux ambitions qui s'agitaient autour de moi; Euric, l'époux de Sathaniel n'est pas un roi que l'orgueil des Visigoths accepte désormais. Alidah et Firmin emporteront dans leur fuite, elle, les droits déshonorés de la famille des Baltes, lui, les droits inconnus d'un descendant de Thorismond, et le vieux comte Bold ira cacher dans le fond du château, que je lui rendrai bien volontiers, l'ambition qui lui a fait perdre sa fille et qui l'a perdu lui-même.

— Oui, dit Léon, chacun de tes ennemis particuliers est désarmé; mais il reste encore contre toi le mécontentement de la nation qui se fatigue du repos où tu la tiens.

— Eh bien! dit Théodoric, que demain, au

point du jour, on proclame dans toute la ville que la guerre va être déclarée, et demain, ajouta-t-il avec un accent de triomphe, demain je serai tranquille.

Comme ils parlaient ainsi, ils arrivèrent devant la maison du comte Bold ; elle était sombre et silencieuse, et par un instinct de respect pour le malheur d'un vieillard, l'escorte du roi, qui jusque-là avait entouré d'une conversation bruyante et animée l'entretien discret du roi et de Léon, l'escorte devint silencieuse et passa à petit bruit devant cette maison.

Lorsque le roi arriva devant la porte, il s'arrêta un moment pour la considérer, et il ne put s'empêcher de dire à Léon :

— L'orgueil de ce fier comte doit bien souffrir à cette heure, déchu de ses espérances, abandonné par sa fille, quel supplice il doit souffrir, l'humiliation et le remords !

A peine avait-il prononcé ces paroles que cette porte s'ouvrit et que Bold sortit ayant Falrik et Dicenée à ses côtés.

— Roi, lui dit-il, je t'attendais, j'ai à te demander justice.

— Viens demain, à la pointe du jour, dit Théodoric, et tu seras admis à plaider ta cause, comme tous mes autres sujets.

— Demain, au point du jour, il sera trop tard, reprit le comte Bold, et c'est sur l'heure que je te demande la justice que j'attends de toi.

— Cela se peut, répondit Théodoric sévèrement, mais ce n'est pas l'heure où j'ai coutume de la rendre, et tu attendras.

— En ce cas, dit le vieillard, j'en appellerai à un roi plus puissant que toi; car sa justice veille la nuit comme le jour : j'attendrai ma vengeance de Dieu.

— Elle viendra, dit une voix railleuse qui se mêla à l'entretien. Et presque aussitôt Euric parut à côté du comte Bold, qui recula en tirant son épée, lorsque le prince Euric répondit froidement :

— Entrons dans ta maison, comte Bold, et

là je t'apprendrai à qui ta vengeance doit s'adresser.

Et, sans attendre, il franchit le seuil de la maison; le comte Bold le suivit, la porte se referma et Théodoric se remit en marche.

Un moment après le roi était dans son palais, dévoré de nouvelles inquiétudes, malgré tous les succès qu'il venait d'obtenir; et après deux heures d'entretien, Léon, demeuré avec lui, ainsi que Gandoin, lui disait :

— Ainsi ton frère ne se tient pas pour battu, et il va sans doute nouer de nouvelles intrigues et de nouvelles conjurations.

— Oh! s'écria Gandoin, rien ne te fera-t-il ouvrir les yeux, Théodoric? ne comprends-tu pas que ta sûreté est au prix de sa mort? et ton frère ne t'a-t-il pas assez bravé pour qu'enfin tu lui imposes un silence éternel?

Théodoric secoua lentement la tête, et répondit encore avec une profonde tristesse :

— Non Gandoin, je ne le frapperai point comme j'ai frappé mon frère Thorismond.

— Eh bien, ce sera lui qui te frappera! s'écria Gandoin.

— Qu'il le fasse, s'il l'ose, lui qui ne sait pas ce que c'est que le remords; moi qui le connais depuis de longues années, je ne l'oserai pas. Je lutterai pour mon trône; mais je ne tirerai point l'épée.

— Mais à présent, reprit Léon, à présent que Kamal, pour échapper à la vengeance d'Euric, s'est retiré avec le Bagaude Armand, dans les montagnes des Pyrénées, tu n'as plus personne pour surveiller les projets de ton frère.

— Qui sait? dit Théodoric, il me reste une espérance.

— Laquelle?

Comme Théodoric allait répondre, le chambellan qui veillait nuit et jour pour avertir le roi de ce qui se passait autour du palais, vint le prévenir qu'un esclave demandait à lui parler sur-le-champ.

— Qu'il entre! s'écria Théodoric.

Le chambellan introduisit un nègre vêtu de blanc.

— De quelle part viens-tu, eunuque? lui dit le roi.

— Je viens de la part de Sathaniel, répondit celui-ci.

Un sourire de triomphe passa sur le visage du roi; les ministres se regardèrent d'un air surpris, et Théodoric, devinant leur pensée, leur dit tout bas :

— Cela vous étonne? un jour je vous dirai l'histoire de Sathaniel; du moins vous dirai-je celle que je lui ai entendu raconter, et vous comprendrez comment en une heure elle a trouvé un complice dans l'esclave le plus dévoué de son mari.

— Oui, repartit Léon d'un air incrédule, je sais qu'elle se dit magicienne.

— Et je jurerais qu'elle l'est, dit Gandoin; le jeune Frédéric en est déjà épris.

— En effet, ajouta Léon, je crois qu'elle est magicienne, comme toutes les belles femmes le sont, près des jeunes gens.

— Eh bien! prudent Léon, dit Éros, que Dieu te garde d'un entretien avec Sathaniel!

VI.

La Confession.

Comme nous l'avons dit dans le chapitre précédent, le cocher qui conduisait la basterne envoyée par Théodoric enleva Alidah au galop de ses chevaux. Il eut bientôt dépassé les portes de la ville, et en moins d'une heure, il en fut assez éloigné pour ne plus craindre aucune poursuite. Dans le premier moment, Alidah avait été tellement troublée, qu'elle ne s'était point aperçue qu'elle fût partie seule. Lorsqu'elle reconnut que Firmin n'était point monté près d'elle, elle essaya vainement de faire arrêter la course rapide de la basterne, le cocher lui répondit que les ordres du roi lui enjoignaient de poursuivre sa route sans relâche.

Plus tard Alidah, mieux remise de sa première épouvante, voulut ordonner au cocher de la conduire dans la maison de Firmin, où elle espérait que celui-ci se rendrait de son côté; mais le cocher lui répondit encore que la route qu'il devait suivre lui avait été tracée d'avance, et qu'il ne pouvait pas plus s'écarter de sa marche que la suspendre.

Alidah supposa que le roi lui avait choisi un asile plus sûr que celui vers lequel elle eût pu se diriger, et se laissa conduire alors sans résistance et sans nouvelles observations.

Ses préoccupations et la rapidité de sa course avaient empêché Alidah de reconnaître d'abord les endroits qu'elle traversait; mais vers la fin du jour, elle se trouva dans des chemins qu'elle avait souvent parcourus, et lorsqu'elle vit qu'elle avait repris la route qui conduisait chez son père, de nouvelles craintes s'emparèrent d'elle. Ce n'est pas qu'elle soupçonnât le roi Théodoric de l'avoir sacrifiée à la réussite de ses projets; elle était si faible devant ce roi si puissant, que l'idée ne pouvait lui venir qu'il pût l'abandonner. Dans le peu de réflexions qu'elle avait eu le temps de faire sur tous les événements dont elle avait été témoin, elle comprenait que le roi des Visigoths, luttant contre la révolte de ses plus nobles sujets, eût mis tout son pouvoir et toute son habileté à les renverser; c'était une preuve de son courage et un devoir de sa position.

Mais qu'il eût promis sa protection à une faible fille, innocente envers lui, et qu'il la traitât avec la même rigueur qu'un puissant ennemi; c'eût été une lâcheté qui ne se présentait pas comme chose possible à cet esprit ingénu Comme les enfants, Alidah avait confiance en sa faiblesse; cependant, malgré tout ce qu'elle pouvait se dire, elle éprouvait un effroi insurmontable, en pensant qu'elle allait rentrer dans la maison de son père. Tous les objets qu'elle devait y revoir lui semblaient autant de témoins qui allaient l'accuser de sa faute, et, malgré les refus obstinés du cocher de répondre à ses questions, elle était sur le point de lui en adresser de nouvelles, lorsque la basterne s'arrêta à la porte de la tour occupée par le moine Barthélemi.

Cette porte était ouverte, et Alidah, d'après l'ordre du cocher, entra aussitôt dans la tour. La crainte qu'elle avait éprouvée de se revoir dans la maison paternelle, lui fit accepter avec joie ce singulier asile. En effet, Alidah savait, comme tout le monde, que la première loi des humbles anachorètes qui occupaient ce monastère isolé, était que jamais une femme n'en franchirait le seuil. A peine fut elle entrée, que la porte se referma derrière elle et qu'elle entendit la basterne s'éloigner; alors se retournant pour remercier Barthélemi, qui sans doute, avait ouvert et fermé cette porte sans qu'elle s'en aperçût, Alidah se trouva en face du nain Kamal.

Déjà le jour avait baissé, et une faible lueur pénétrant par une étroite fenêtre, éclairait la salle où elle se trouvait; Alidah ne reconnut pas d'abord le bouffon du prince Euric, et ce ne fut qu'au moment où poussée par la frayeur, elle se retirait dans l'angle le plus reculé de cette salle, qu'elle aperçut un homme d'une taille énorme, appuyé silencieusement le long du mur.

— Où est Barthélemi? s'écria vivement Alidah.

— Barthélemi va venir, répondit Kamal; mais il a reçu tout à l'heure une visite moins gracieuse que la tienne; il faut que tu attendes, ainsi que lui, qu'il en soit débarrassé.

— Grand Dieu! s'écria Alidah, qui dans son trouble ne s'aperçut pas qu'elle s'abandonnait à une crainte impossible, serait-ce mon père, serait-ce le prince Euric?

— Non, dit Kamal, ce n'est ni l'un ni l'autre. J'ai aperçu cet étrange visiteur; et, bien qu'il se soit fait ouvrir toutes les portes de la maison avec une autorité devant laquelle ne s'est élevée aucune résistance, je ne pense pas que la robe de bure qu'il porte cache un prince ou un comte visigoth.

— Tant pis, dit sourdement l'homme qui se tenait dans le coin de la salle; que n'est-ce un de ces exécrables étrangers, dont il m'a fallu subir la loi, grâce au piége dans lequel ta crédulité m'a attiré. Mais ne viens-tu pas de dire, Kamal, que cette jeune fille appartenait à une famille de nobles visigoths?

— C'est la fille du comte Bold, répondit le nain, c'est la fiancée du prince Euric, la protégée du roi, la maîtresse de Firmin.

— Je ne t'en demandais pas tant, répondit le Bagaude Armand, pour comprendre qu'elle m'apportait la vengeance dont j'ai soif. Fille d'un comte visigoth, fiancée d'un prince barbare, maîtresse d'un lâche Romain, tu seras l'esclave d'un Bagaude!

A cette menace, Alidah poussa un cri d'effroi et Armand reprit avec un accent encore plus féroce :

— Tu es innocente, veux-tu me dire? je le

sais aussi bien que toi. Tu es la victime des projets ambitieux des tiens; mais que m'importe à moi, ce n'est ni ton père, ni ton roi, ni le prince Euric que je hais, c'est ta race tout entière, et je la frapperai partout où je la rencontrerai.

En entendant ces sinistres paroles, la jeune fille se retourna vers Kamal, et s'écria douloureusement :

— Tu as reçu l'hospitalité chez mon père ; quand tu es arrivé dans sa maison, après une longue route, haletant de fatigue et exténué de soif et de faim, j'ai pris soin moi-même que rien ne te manquât, je t'ai protégé contre les railleries de nos esclaves. Oh! maintenant, je t'en supplie, protége-moi contre cette homme.

— Écoute, Armand, dit Kamal en s'élançant vers le Bagaude, je ne veux pas que tu touches à cette jeune fille.

— Éloigne-toi, et tais-toi, reprit Armand en poussant le nain avec une telle violence, qu'il le renversa; éloigne-toi, et tais-toi; le temps est passé de mon obéissance. Assez longtemps je me suis laissé tromper par toi; je sais maintenant d'où te venait l'or que tu m'envoyais; Théodoric me l'a dit; il m'a dit aussi tes espérances.

A ces mots, le bouffon se prit à trembler, et, au moment où il se relevait, Armand le saisit par le milieu du corps, et l'enlevant de terre, il continua en le secouant de sa puissante main :

— Oui, je sais que lorsque, me confiant à toi, je te disais tous les mouvements de nos compagnons, chacun de mes avis était rapporté par toi à Théodoric. Je sais que l'or que tu m'envoyais, et que je croyais devoir à ta libéralité pour la cause des Bagaudes, je sais que c'était le prix de ta trahison. Ah! tu m'as trahi pour ton maître? apprends donc que ton maître t'a trahi pour moi; il m'a tout dit, il m'a dit même que je te retrouverais ici.

— Le roi! s'écria Kamal tremblant, le roi t'a dit :

— Oui, continua Armand, d'une voix où la colère croissait à chaque parole, oui, je sais à quel prix tu voulais te faire payer ta trahison, je sais que tu as voulu, toi, misérable! prendre la place que j'occupe; toi, reprit-il encore avec une férocité toujours croissante, toi, qui n'es un homme ni par le cœur ni par le corps; toi, esclave d'un roi, bouffon d'un prince, espion de ton maître et de tes frères, tu as voulu être roi des Bagaudes, toi. Oh!.....

Armand laissa échapper cette dernière exclamation de sa vaste poitrine avec un rugissement semblable à celui d'un lion, et lança le misérable Kamal contre la muraille de la prison, au pied de laquelle l'infortuné tomba en poussant un sourd gémissement.

Cette horrible scène avait tellement épouvanté Alidah, qu'elle s'était réfugiée dans une espèce d'embrasure étroite qui se trouvait au fond de cette salle; et là, le corps serré au mur, comme si elle eût voulu se cacher derrière les énormes pierres dont il était composé, elle demeurait immobile et tremblante pendant que le Bagaude la cherchait de l'œil. Enfin il la découvrit, et il s'avançait vers elle pour s'en emparer, lorsque, par un prodige inouï, la pierre sur laquelle elle s'appuyait sembla céder tout à coup à la pression de son corps; une porte s'ouvrit au moment où Armand étendait sa large main pour la saisir, et un vieillard à barbe blanche se plaça entre elle et le Bagaude.

A cet aspect inattendu, Alidah tomba à genoux, et Armand recula plus surpris qu'épouvanté. Derrière ce vieillard venait Barthélemi, le front baissé et portant dans ses traits la confusion d'un coupable. Alidah n'avait pas encore remercié le ciel en son cœur de ce secours inespéré, que le Bagaude, que la présence des nouveaux venus n'eût pu empêcher d'accomplir son projet, s'écria violemment :

— Qui es-tu? toi qui viens m'enlever la proie que je me suis promise.

— Je suis Herme, répondit le vieillard, je suis Herme, évêque de Narbonne et primat de l'église catholique dans les Gaules.

En entendant ce nom, Armand quitta l'attitude menaçante qu'il avait prise; et, baissant la tête d'un air sombre, quoique respectueux, il répondit :

— Herme, tu es un saint parmi les hommes. Avant que tu ne fusses l'un des chefs de l'église catholique, tu es venu souvent dans nos montagnes prêcher la parole de Dieu; mon père m'a souvent conté comment tu blâmais, avec des paroles sévères, ce que tu appelais les brigandages des Bagaudes, et comment, après une expédition où tu n'avais pu les empêcher d'aller, tu soignais les blessés et consolais les mourants. Je n'ignore pas qu'à Narbonne ta maison est ouverte aux pauvres, et que chacun n'a qu'à te montrer sa misère, pour que tu l'admettes parmi tes clients; beaucoup de nos frères égarés dans cette ville ont dû à ta charité de pouvoir regagner nos montagnes. Ainsi donc, si tu as quelque service à me demander, parle, et je te le rendrai; mais hâte-toi, car il faut que je m'éloigne avec cette jeune fille.

— Cette jeune fille y consent-elle? reprit l'évêque.

— Oh! s'écria Alidah, sauvez-moi, mon père, sauvez-moi!

— Qui es-tu? reprit Herme, avec un accent de touchante bonté.

— Oh! mon père, répondit-elle, je suis une malheureuse qui ai trahi mes devoirs de fille, et qui n'oserai jamais rentrer dans la maison paternelle.

— Eh bien! lui dit l'évêque, Dieu vous recevra dans son sein, et le repentir vous ouvrira les portes de sa miséricorde; mais quel est votre nom?

— Je m'appelle Alidah, je suis la fille du comte Bold.

— La fille du comte Bold! répondit encore l'évêque, avec son doux accent de pitié; la fille d'un Visigoth, d'un arien, d'un ennemi de notre église; relevez-vous, j'écouterai le récit de vos malheurs.

— Mais, moi! s'écria Alidah, je suis catholique.

— Catholique, dit Herme, en se penchant

vers elle; suivez-moi, ma fille, j'entendrai votre confession.

Alidah se releva, et elle s'apprêtait à sortir de la salle, lorsque le Bagaude reprit brutalement :

— Vieillard, puisque c'est ton ministère d'entendre la confession des pécheurs, tu dois tes premiers soins à celui qui gémit dans un coin de cette salle, et qui sans doute n'aura pas, comme cette jeune fille, de longues années pour se repentir.

Kamal, comme s'il eût entendu les paroles qu'Armand venait de prononcer, poussa quelques faibles soupirs, et le vénérable Herme s'avança rapidement vers l'endroit où gisait le malheureux. Ce mouvement isola Alidah de son protecteur, et le Bagaude s'avançait déjà pour s'en emparer, lorsque le saint évêque, se plaçant devant la porte qui ouvrait sur la route, lui dit avec la dignité d'un courage inconnu à la férocité de ce brigand.

— Il n'y a que cette issue par où tu puisses sortir, et cette issue je te l'ouvrirai de ma main, si tu veux t'éloigner seul; mais tu la franchiras sur mon cadavre, si tu veux emmener cette jeune fille.

Peut-être la rage du Bagaude n'eût-elle pas été arrêtée par ce saint obstacle, si à l'instant où il balançait entre le respect que lui inspirait ce noble vieillard et la vengeance que lui promettait l'enlèvement d'Alidah, Kamal ne se fut traîné jusqu'auprès de la porte, et ne lui eût dit:

— Laisse-la, Armand, laisse-la; sa vie et sa liberté te serviront mieux contre les Visigoths, que sa captivité ou sa mort; l'heure est venue où je dois révéler un secret qui changera à jamais sa destinée.

— Que veux-tu dire? s'écria la jeune fille, en se penchant vers le mourant.

— C'est encore quelque trahison, murmura Armand, tandis que Barthélemi se penchait vers Kamal et lui disait :

— Ce secret n'est pas le tien.

— Parle, dit Herme, avec l'autorité calme de

sa vertu; et toi, Barthélemi, dont je suis venu surveiller la conduite, agenouille-toi et écoute, car ta pâleur m'annonce que c'est encore une accusation qu'on va porter contre toi.

Deux anachorètes de ceux qui habitaient la tour avec Barthélemi s'agenouillèrent près de Kamal et le placèrent sur son séant. Alidah, attachée à la robe du vénérable évêque, se tint à côté du misérable nain, tandis que Barthélemi, le front penché sur la pierre, murmurait ses prières en les entrecoupant de sanglots. Armand avait profité de ce mouvement pour fermer la porte qui menait dans l'intérieur de la tour, et empêcher ainsi qu'aucun secours ne pût arriver à ceux qui se trouvaient ainsi enfermés avec lui. Il s'appuya nonchalamment contre cette porte, attendant du secret qui allait être révélé, la décision qu'il prendrait relativement à Alidah.

— Je t'écoute, dit l'évêque à Kamal; et puisse Dieu t'inspirer un aveu sincère de tes fautes, non pas dans un esprit de vengeance, mais dans un esprit de repentir!

— Je souffre horriblement, mon père, dit le nain; j'ai l'épaule brisée et ma tête bourdonne comme si un animal étranger s'y était logé; ma mémoire s'en va, et je ne sais plus si je retrouverai ce que j'avais à vous dire. N'ai-je pas entendu que le moine Barthélemi était à mes côtés? Dites-lui d'achever ce que je ne pourrai vous révéler jusqu'au bout, car il sait ce secret aussi bien que moi.

— Approche, Barthélemi, lui dit l'évêque; vois ce que c'est que la mort, vois comme elle nous surprend avant l'heure du repentir, et repens-toi tandis que tu le peux encore.

— C'était une nuit, dit Kamal, qui entendait à peine ce qui se passait autour de lui; Théodoric, qui n'était alors que le frère du roi, me fit appeler dans sa chambre; un homme était près de lui, un homme avec une longue robe, un homme... Oh! je souffre, dit Kamal.

— Cet homme, c'était moi, dit Barthélemi...

— En effet, c'est sa voix, reprit Kamal en faisant un effort. Théodoric nous dit : « Je suis roi, » oui, il nous dit : Je suis roi, et voilà le corps de mon frère assassiné..... » non, il nous dit : Voilà l'enfant.....» oh ! ma tête, ma tête... je ne me souviens plus.....

— Il nous dit, reprit Barthélemi, que son frère avait été assassiné par les nobles Visigoths que lassait sa tyrannie; il nous dit, qu'il l'avait vainement défendu.

— Il mentait, reprit Kamal avec une force soudaine; car c'est moi qui lui avais conseillé de s'approcher de lui en feignant de le défendre pour pouvoir le frapper plus sûrement : il mentait encore en nous disant que les nobles Visigoths voulaient assassiner le fils, après avoir assassiné le père : il mentait, ajouta-t-il encore en s'animant, lorsqu'il nous dit, qu'il voulait conserver ses jours pour lui rendre le trône qui lui appartenait... Mensonge, mensonge! s'écriat-il, pendant que ses yeux hagards se promenaient autour de lui, il m'a promis que je serais roi des Bagaudes, il a promis un trône à Firmin, il a promis ton évêché à Barthélemi.... mensonge, mensonge... oh! comme il a menti! il t'a menti aussi, Armand! cet homme, c'est le mensonge incarné.

— Oublie cela, dit Herme en se penchant vers le moribond, mais rappelle-toi ce qu'il t'a dit sur cet enfant?

— Il a menti, il a menti, répondit Kamal, dont les idées s'embarrassaient de plus en plus, croyez-moi; moi, je vous dis la vérité, on ne ment pas à l'heure de la mort.

— Il nous dit, reprit Barthélemi, qu'il voulait sauver le fils de Thorismond; il le remit à Kamal et lui ordonna de le faire élever dans la religion catholique, parce qu'il voulait qu'un jour cette sainte religion triomphât parmi les Visigoths.

— Oh! comme il a encore menti, murmura Kamal, et comme il savait bien que c'était un obstacle invincible à son retour au trône.

— Mais cet enfant, dit Herme, qu'est-il devenu?

—Ah! oui, l'enfant, reprit Kamal, c'est moi qui

l'ai emporté : c'était dans la nuit, il faisait froid, et il criait dans ses langes; je lui mis la main sur la bouche pour l'empêcher de crier : quand nous fûmes sortis du camp, je regardai son visage à la clarté de la lune, il était violet.

— Tu l'as tué! dit Herme, avec épouvante.

— Non mon père, répondit Barthélemi, si Kamal a rapporté la vérité au roi, il a fait déposer cet enfant dans la maison du vieil empereur Attale; cet enfant y a été élevé, cet enfant, ce doit être le jeune Firmin.

— Firmin! s'écria Alidah avec une joie qui domina un moment toutes ses craintes et toutes ses douleurs.

A ce cri, Kamal se leva tout à coup, comme soutenu par une force surhumaine, et il se mit à crier parmi les convulsions de l'agonie :

— Ne dites pas que Firmin est le fils de Thorismond, Théodoric le ferait assassiner; Théodoric fera assassiner tous ceux qui lui disputeront son trône : il ne veut pas d'autre roi que lui dans ce monde, il n'a pas voulu que je fusse roi, moi ; Firmin ne sera ni empereur ni roi, tu seras son esclave, Armand, vous le serez aussi, vous tous, comme je l'ai été... ne dites pas... Ne dites pas...

Il s'efforça vainement de poursuivre ; sa langue s'embarrassa, ses yeux se troublèrent, et il retomba sur le pavé de cette sombre salle.

Herme s'agenouilla à côté du cadavre et chercha vainement à ranimer un reste d'existence qui lui permît de donner au mourant les dernières consolations. Kamal était mort.

— Regarde, dit-il à Barthélemi, regarde ; il paraîtra devant Dieu sans qu'une parole de repentir lui ait préparé les voies de la miséricorde céleste ; regarde aussi, jeune fille, et avoue tes fautes pour que je t'en absolve.

— Oh! mon père, s'écria Alidah, en tombant à genoux, le front couvert de rougeur, ne me demandez pas cet aveu en ce moment, ne me faites pas rougir devant d'autres que devant vous.

— Eh bien! dit Barthélemi avec une sainte exaltation, je ferai cet aveu pour toi et pour moi, car j'ai été le complice de tous les crimes qui se sont commis au nom du roi Théodoric. Oui, mon père, reprit-il en s'adressant à l'évêque, c'est par ordre du roi que j'ai ramené cette jeune fille à notre sainte religion, parce qu'elle aussi avait au trône des droits qui épouvantaient le souverain; lorsque je l'ai averti du hasard qui avait mis dans le cœur du fils de Thorismond et d'Alidah un amour qui n'était pas encore coupable, c'est par son ordre que je leur ai conseillé de s'abandonner à cette fatale passion; et c'est par son ordre aussi que j'ai refusé de bénir leur union, quand il ne leur restait plus que cette espérance de rendre moins honteux le crime auquel je les avais poussés.

— Oh! malheureux! malheureux! dit Herme; qui t'a inspiré de souffler la corruption dans ces cœurs innocents? C'est l'ambition, c'est le désir d'occuper cette place où tu me vois, et qui n'est, sache-le bien, qu'une croix plus élevée où l'on souffre davantage.

— Non, mon père, reprit Barthélemi; ce n'est pas l'ambition qui m'a égaré! Ou bien, si c'est ce sentiment, ce n'est pas pour moi que je l'ai éprouvé : je ne pensais qu'au triomphe de notre sainte religion, à laquelle Théodoric m'avait juré de prêter son appui.

— La vraie religion du Christ, dit Herme, ne marche pas par des voies souterraines et perfides : c'est au grand jour qu'elle fait ses conquêtes, c'est sous le ciel qu'elle fait triompher sa parole, c'est en plein soleil qu'elle combat.

— Hélas! mon père, reprit Barthélemi, je le vois maintenant; mais parmi toutes ces fautes que j'ai commises, peut-être la conversion de cette jeune fille me sera-t-elle comptée devant Dieu comme une œuvre sainte.

— Tu te trompes encore, répondit l'évêque; Dieu n'accepte pas les cœurs qui ne sont liés que par des attachements mondains. Réponds, jeune fille; n'est-ce pas ton amour pour Firmin qui t'a fait abandonner ta religion? N'est-ce pas ton amour pour ce jeune homme qui a fait ton amour pour le vrai Dieu?

— Oui, mon père, répondit la jeune fille en courbant le front; mais ce que ses paroles d'amour ont commencé, vos saintes paroles viennent de l'achever; bénissez-moi, mon père, et parlez-moi, car je suis digne de pardon, digne de vous entendre.

— Eh bien ! dit le vieillard, résigne-toi, pécheresse, car ta vie ne sera plus qu'une longue pénitence; renonce à t'armer du secret que tu viens d'apprendre pour susciter, grâce à tes droits et à ceux de Firmin, la discorde civile parmi tes frères.

— J'y renonce.

— Ne garde qu'une espérance en ton cœur, et celle-là ta faute même te la commande; ne garde que l'espérance de voir légitimer un jour l'amour fatal auquel tu t'es abandonnée.

— C'est un bienfait que je n'espérais pas.

— Mais une fois ce jour passé, une fois la loi des hommes satisfaite, ton expiation ne sera pas accomplie; si le spectacle que tu viens de voir t'a touchée, tu dois renoncer à celui qui n'aura que le nom de ton époux.

— Mon père! mon père! s'écria Alidah, faut-il le perdre à jamais?

— Où serait donc la vertu, dit l'évêque, si le crime avait la même récompense?... Tu ne reverras Firmin qu'une seule fois en ce monde.

— Eh bien! s'écria Alidah, une fois encore!

— Et maintenant que Dieu te prenne en pitié, car tu n'as plus d'autre protection que la mienne. Quant à toi, Barthélemi, ajouta-t-il en s'adressant au moine, ta pénitence sera plus rude, car je te condamne à témoigner de la vérité comme tu as longtemps témoigné du mensonge; mais, avant que je t'explique par quels moyens tu peux racheter les fautes que tu as commises, dis-moi, est-ce encore l'ordre du roi Théodoric qui a amené cette jeune fille dans ce monastère?

— Oui, mon père, répondit Barthélemi; et bientôt un messager envoyé par lui doit venir m'apporter ses dernières intentions.

— Les chevaux du roi Théodoric sont rapides, dit la voix d'Armand, qui s'approcha alors du vénérable évêque; et quoiqu'ils passent par les sentiers battus qui tournent autour de nos montagnes, ils ont parcouru la distance qui nous sépare de Toulouse, presque aussi vite que moi-même, qui les ai franchies à vol d'oiseau et par des sentiers qui leur sont inconnus. Hâte-toi donc si tu veux sauver cette jeune fille, et n'oublie pas que tu es sur le territoire du roi Théodoric, et que tu ne pourrais arracher cette jeune fille à ses projets, s'il la trouvait encore dans ce monastère.

— Tu as raison, repartit l'évêque; et je veux que l'innocent et le coupable échappent également à sa volonté. Barthélemi, tu vas conduire cette jeune fille à Narbonne; tu la remettras dans mon palais, et toi-même y attendras mon retour.

— Oui, dit Armand; qu'il parte sur-le-champ: pour lui qui connaît tous les sentiers cachés de ce pays, pour lui que mes compagnons sont habitués à vénérer, cette heure est la meilleure qu'il puisse choisir; il trouvera peu de Romains et de Visigoths dans ces collines, et mes frères le laisseront passer.

— Ne peux-tu l'accompagner, reprit l'évêque, pour assurer encore mieux sa marche dans la nuit?

— N'est-ce pas assez que je laisse sortir cette jeune fille? répondit Armand; et ne crains-tu pas de me la voir suivre?

— Non, répondit le vieillard; car je crois que ton cœur a été touché du triste spectacle que tu viens de voir; je crois que tu as renoncé à tes projets de vengeance contre les Visigoths.

— Tu te trompes, dit Armand; car je vais attendre ici l'envoyé du roi Théodoric.

— Soit, dit le prêtre; je vais donc l'attendre avec toi.

Le Bagaude haussa les épaules, et ouvrit la porte qui donnait sur la route.

— Allez, dit-il, et n'oubliez pas le sentier qui tourne dans le bois, à deux pas de cette maison

Alidah et Barthélemi s'éloignèrent; les autres moines rentrèrent dans l'intérieur de la tour sur un signe de leur évêque, en emportant le corps de Kamal, et le vieillard et le Bagaude demeurèrent seuls enfermés dans cette salle basse.

FIN DU TOME PREMIER.

NOTES.

1. — Jules-César envoya Crassus pour soumettre les Sotiates (*Cæsar, de Bello Gallico*, lib. I).

Ce fut avec le secours que lui fournirent Narbonne, Toulouse et Carcassonne, que ce lieutenant de César alla attaquer les Sotiates, et les soumit avec Adcantouin leur prince. On place en différents lieux l'habitation de ces peuples, parce qu'il y a plusieurs pays en Gascogne qui portent le nom de Sots, mais l'on s'accorde généralement à reconnaître le Vic-de-Sos comme le lieu d'où ces peuples sotiates ont tiré leur nom, ou comme celui auquel ils l'ont donné.

2. — J'ai mangé, sur les bords du Clitumnus, les taureaux blancs réservés aux sacrifices.

Hinc albi Clitumni greges et maxima taurus
Victima : sœpe suo perfusi flumine sacro,
Romanos ad templa deum duxére triumphos.

Outre Virgile, la plupart des poëtes latins, Properce, Lucain, ont célébré les victimes triomphales du Clitumnus. Les Goths s'en nourrirent lors de l'invasion d'Alavis. Gibon rapporte le fait.

5. — *Ils allèrent porter en Espagne la désolation qui accompagnait leur marche vagabonde.*

Saint Prosper, connu sous le nom de Tiro Prosper, et qui vivait à cette époque, nous a laissé un tableau fort touchant de cette désolation apportée par les Vandales : « Quand tout l'Océan, dit cet auteur, aurait inondé les Gaules, il n'y aurait pas fait de si horribles ravages : nos bestiaux, nos fruits et nos grains ont été enlevés ; nos vignes et nos oliviers désolés ; nos maisons de campagne ruinées ; et à peine reste-t-il encore quelque chose dans les campagnes : mais tout cela n'est que la moindre partie de nos maux. Depuis dix ans les Vandales et les Goths font de nous une cruelle boucherie. Les châteaux bâtis sur les rochers, les villes les plus fortes, les bourgs situés sur les plus hautes montagnes n'ont pu garantir leurs habitants de la fureur de ces barbares, et l'on a été partout exposé aux dernières calamités. Ils n'ont épargné ni le sacré ni le profane, ni la faiblesse de l'âge, ni celle du sexe ; les hommes et les enfants, les gens de la lie du peuple et les personnes les plus considérables, tous ont été sans distinction les victimes de leur glaive. Ils ont brûlé les temples, dont ils ont pillé les vases sacrés, et n'ont respecté ni la sainteté des vierges ni la piété des veuves ; les solitaires n'ont pas éprouvé un meilleur sort. C'est une tempête qui a emporté indifféremment les bons et les mauvais, les innocents et les coupables. Le respect dû à l'épiscopat et au sacerdoce n'a pas exempté ceux qui en étaient honorés ; ces barbares leur ont fait souffrir les mêmes indignités et les mêmes supplices : ils les ont enchaînés, déchirés à coups de fouet, et condamnés au feu comme les derniers des malheureux. »

Les expressions de Jornandès, ou plutôt de Cassiodore, sont très-fortes : « Bellum atrox, multiplex, immane, pertinax, cui simile nulla usquam narrat antiquitas : ubi talia gesta referuntur, ut nihil esset quod in vita sua conspicere potuisset egregius qui hujus miraculi privaretur aspectu. »

4. — Comme une aigrette de plume sur le cimier d'un casque.

Comme on pourrait nous chicaner plutôt sur le terme de sa comparaison que sur sa justesse, nous croyons devoir citer ce passage de Polybe, qui prouve que le casque était surmonté d'une aigrette de plume :

« Præter hæc omnia, adornantur corolla plumea, pennisque tribus puniceis aut nigris erectis, longitudinis ferme cubitalis, quæ quum in summo vertice cæteris armis addiderint, vir quidem apparet duplo major quam sit : ejusque aspectus pulcher, hostibusque terribilis. »

5. — alla fonder un empire sur la côte africaine, après avoir traversé la Germanie, les Gaules, l'Espagne et la Méditerannée.

Procope, dans son ouvrage *de Bello Vandalico*, donne des détails assez longs sur ces Maures, qui embrassèrent le parti des Vandales contre les Romains, et sur les tribus indépendantes qui avaient résisté à toutes les conquêtes; ils sortirent du désert et du mont Atlas par bandes innombrables. Quant à l'établissement des Vandales en Afrique, c'est un fait historique tellement connu que nous n'avons pas besoin de le justifier.

6. — C'était un fustibale.

La fronde ou le fustibale était un bâton long de quatre

pieds, par le milieu duquel était attachée une lanière de lin ou de cuirs d'animaux. On s'en servait avec les deux mains pour lancer des pierres presque aussi rapidement qu'avec l'onagre.

(*Végèce.*)

7. — Cet homme était ce qu'on appelait alors un Bagaude.

de Bagaudæ... Le *Glossaire* de Ducange définit les *Bagaudes* la réunion d'hommes factieux et mutins : *factiosorum et rebellium hominum cohors.* Aurélius Victor les appelle hommes des bois : *Bagaudæ quasi silvicolæ (a voce gau quæ gallis silvam sonat)* : « Ils réclamaient les droits naturels de l'homme; mais ils réclamaient ces droits avec la cruauté la plus farouche. » (*Gibbon,* l. II, p. 470.)

Quant au nom d'Armand que nous avons donné au chef des Bagaudes, c'est Aurélius Victor qui nous l'indique : « Valerius Diocletianus ubi comperit HELIANUM ARMANDUMQUE, per Galliam, excita manu agrestium et latronum quos BAGAUDAS incolæ vocant... »

Les Bagaudes d'Espagne livrèrent plusieurs batailles aux troupes romaines. Idacius en parle dans plusieurs articles de ses *Chroniques.* Salvien a décrit très-énergiquement leurs souffrances et leurs révoltes : « Itaque nomen civium romanorum... Nunc ultro repudiatur ac fugitur, nec vile tamen sed etiam abominabile pene habetur... Et hinc est ut etiam hi qui ad barbaros non confugiunt, barbari tamen esse coguntur, scilicet ut hæc pars magna Hispanorum, et non minima Gallorum... De Bagaudis nunc mihi sermo est, qui per malos judices et cruentos spoliati, afflicti, necati, postquam jus romanæ libertatis amiserant, etiam honorem romani nominis perdiderunt... Vocamus rebelles, vocamus perditos quos esse compulimus criminosos. » (*De Gubernatione Dei.*)

8. — Vers l'an 411, leur chef Omar se voua au service de Constantin, soldat romain, qui s'était fait proclamer empereur dans les Gaules.

Dans la chronique d'Idace il est dit que l'usurpateur Constantin appela à son secours les hommes de toutes les nations, les Français, les Allemands, les Écossais et les Maures. On les voit figurer de même dans le dénombrement des troupes du vandale Genséric, et dans les légions honoriennes qui avaient passé au service de Constantin. Ces légions honoriennes, *honoriani* ou *honoriaci*, consistaient en deux bandes d'Écossais ou Attacotti, deux de Maures, deux de Marcomans, les Victores, les Ascarii et les Gallicanti. (*Notitia imperii.* sect. 58, edit. Lab.) — Ils faisaient partie des soixante-cinq *auxilia palatina*, et sont proprement dénommés par Zozime (l. VI, p. 374).

9. — …. En roulant son manteau autour de son bras, et en s'apprêtant à combattre.

« Mais le Maure qui commandait les légions d'Honorius connaissait trop bien le caractère et les usages de ses compatriotes pour craindre une multitude confuse de barbares presque nus, dont le bras gauche, au lieu de bouclier, n'était couvert que d'un manteau, etc. »

Orose, dans le récit qu'il fait du combat de Mascezel avec son frère, signale cette circonstance.

10. — Dont il avait souvent raillé la faiblesse.

« Tertio anno postquam Gallias Hispaniasque domuisset; occubuit; gladio ilio perforato Vernulfi, de cujus solitus erat ridere statura. » (*Jornandès de Rebus Geticis.*)

11. — .... Tous les assassins qui avaient pénétré dans sa tente....

Jornandès, qui fut véritablement l'esclave des Visigoths, parle de cette mort sans en dire les auteurs ; mais une chronique attribuée à Idace les rapporte tels que nous les avons donnés, et Isidore, archevêque de Séville, qui était lui-même membre de la famille royale des Goths, avoue le crime de Théodoric, qui, du reste, chercha à s'en justifier en accusant Thorismond d'avoir voulu rompre son alliance avec l'empire.

Marciani imp. primo Turismodus filius Theudoridi regnavit anno uno : qui postquam de Hunnis triumphavit, dum multa ageret insolentius, a Theudorico et Frigdarico est fratribus intersectus.

(*Isidor.*, *Chronicon Gothor.*, p. 169.)

Jornandès rappelle cependant le fait de l'escabelle.

« Una tamen manu, quam liberam habebat, scabellum tenens, sanguinis sui existit ultor, aliquantos insidiantes sibi extinguens. »

12. — Le reconnut pour le bouffon de son maître.

Quelques auteurs font remonter l'existence des bouffons à une fête qui fut instituée au pays d'Attique par le roi Érecthée, à l'occasion d'un sacrificateur nommé Buphon, lequel, après avoir immolé le premier bœuf sur l'autel de Jupiter Pollien, ou gardien de la ville, s'enfuit sans sujet, si soudainement, qu'on ne le put arrêter ni le trouver, laissant la hache et les autres ustensiles du sacrifice par terre. On les mit entre les mains des juges pour leur faire leur procès, ceux-ci jugèrent la hache criminelle et le reste innocent. Les années sui-

suivantes on fit le sacrifice de la même sorte : le sacrificateur s'enfuyait comme le premier, et la hache était condamnée par des juges. Comme cette cérémonie et ce jugement étaient tout à fait burlesques, on a appelé depuis bouffons et bouffonneries toutes les autres momeries et farces qu'on a trouvées ridicules. Cette histoire est rapportée dans *Cœlius Rhodiginus*, l. VII, chap. VI.

Ménage, après Saumaise, dérive ce mot de *buffo*. On nommait ainsi en latin ceux qui paraissaient sur le théâtre avec des joues enflées pour recevoir des soufflets, afin que le coup faisant plus de bruit fît rire davantage les spectateurs.

Quant à l'existence de ces bouffons auprès des princes barbares de cette époque, nous voyons dans l'histoire de Priscus qu'Attila en fit paraître deux dans le festin où il reçut les ambassadeurs romains, et cet auteur consacre une assez longue digression au récit de leurs contorsions et des plaisanteries par lesquelles ils égayèrent le repas. (Voir : *Ex Prisci rhetoris Gothica Historia Excerpta*, p. 51 et 52.) L'un de ces bouffons était Scythe et l'autre Maure; et c'est encore pour nous une occasion de montrer jusqu'où avaient pénétré ces Africains, puisque Priscus en rencontra dans la cour d'Attila, dont le séjour ordinaire était situé près des montagnes Carpathiennes.

13. — L'esclave et le domestique.

Ce fut à cette époque que commença l'établissement de ce que l'on appelle les domestiques. Ce furent d'abord des soldats qui veillaient particulièrement à la garde des palais; peu à peu l'on augmenta ces troupes auxquelles il fallut des chefs, et ce fut alors que fut institué le titre de comte des domestiques qui était devenu une des charges les plus importantes de l'empire. En même temps il s'établit une nouvelle espèce d'esclaves : ce furent pour la plupart des hommes libres ruinés par la conquête, qui préférèrent une douce et facile servitude et des moyens assurés de subsistance, à une liberté souvent stérile à cette époque. Ce fut surtout auprès des barbares qui envahissaient les Gaules que la plupart des misérables à qui leur patrie n'offrait plus de ressources cherchèrent des maîtres. Les uns se vendirent pour un temps limité, et d'autres pour toute leur vie. Il y avait encore des domestiques chargés d'emplois particuliers dans chaque maison, et ceux-là étaient indifféremment esclaves ou simplement attachés par un marché temporaire. Parmi ceux-ci se trouvaient ceux qui remplissaient les fonctions suivantes :

Major.	l'intendant.
Infestor	le cuisinier.
Scantio	l'échanson.
Marescalus	le maréchal.
Strator	le cuisinier.
Faber-ferrarius . .	le serrurier.
Aurifex.	l'orfèvre.
Carpentarius . . .	le charpentier.
Vinitor	le vigneron.
Porcarius	le porcher.
Ministerialis. . .	l'inspecteur de l'intérieur de la maison.

14. — Les lieues gauloises vont vite.

Chorier, dans son *Histoire du Dauphiné*, livre II, prétend que les lieues gauloises n'étaient que de quinze cents pas, selon le témoignage d'Ammien Marcellin, tandis que, selon Catel, *Histoire du Languedoc*, livre II, ces lieues auraient eu près de quatre mille pas. La supputation que Jornandès fait de la campagne de Châlons, où Attila fut vaincu, semble donner raison à Chorier. Quant aux milles romains, il y en avait de grands et de petits ; il y en avait de cinq mille pieds. Les peuples du Nord comptaient par marches et par portées. La marche bourguignonne comptait soixante portées, la portée douze cordes, la corde douze aunes, l'aune deux pieds et demi, le pied douze pouces. Du reste, c'est cette confusion dans la mesure des distances qui rend souvent si difficile l'intelligence des auteurs anciens quand ils parlent de la marche des armées. Ainsi la plupart des auteurs voulant désigner l'étendue de la forêt Hercinie, disent qu'elle avait trente jours de marche, dans le sens où elle longeait le Danube ; mais ils ne disent point ce qu'ils entendaient par une journée de marche. Les Africains n'ont pas d'autre mesure de l'espace que le jour ou station, et ils le divisent par heure.

15. — Mais des barbares pareils aux Huns, et qui immolent des hommes sur l'autel de leurs dieux.

La religion des Huns n'était point comme celle des Visigoths sortis de la Scandinavie : elle reconnaissait un Dieu unique, auquel on immolait tous les ans neuf êtres de toutes les espèces vivantes : neuf chevaux, neuf moutons, etc., etc. Les hommes prenaient rang parmi les animaux dans cette auguste cérémonie et fournissaient leurs neuf victimes.

16. — Le roi achevait une partie de trictrac avec son frère.....

Ce jeu, que nous avons nommé trictrac, était le passe-temps favori des plus graves Romains, et le vieux jurisconsulte Mutius Scævola avait la réputation de le jouer très-savamment. On le nommait *ludus duodecim scriptorum*, en raison des douze *scripta* ou lignes qui partageaient également l'*alveolus* ou table. On plaçait régulièrement les deux armées, l'une blanche et l'autre noire, sur cette table, et chaque armée consistait en quinze soldats ou *calculi*, que l'on remuait conformément aux règles du jeu et aux chances ou hasards des *tesseræ* ou dés. Le docteur Hyde, qui détaille soigneusement l'histoire et les variations du *nerdeludium*, nom tiré de la langue persane, depuis l'Irlande jusqu'au Japon, prodigue sur ce sujet peu intéressant une abondance d'érudition classique et orientale. (Voyez *Syntagma, dissertat.*, t. II, p. 217-405.)

« Quibus horis viro tabula cordi est, tesseras colligit rapide. » (*Apoll.* l. I, ep. II.)

17. — Et à acquérir la réputation de ces hommes extraordinaires.

L'Égypte, mère féconde de toutes les superstitions, donna l'exemple de la vie monastique. Antoine, né dans la Basse-Thébaïde, et dont l'éducation avait été très-négligée, distribua son patrimoine, abandonna très-jeune sa famille et son pays, et exécuta sa pénitence monastique avec toute l'intrépidité et la singularité du fanatisme. Après un noviciat long et pénible au milieu des tombeaux et dans les ruines d'une tour, il s'avança hardiment pendant trois jours dans le désert, à l'orient du Nil, découvrit un endroit solitaire ombragé par quelques arbres et arrosé par un ruisseau, et fixa sa dernière résidence sur le mont Colzim, aux environs de la mer Rouge, où un ancien monastère conserve encore le nom et la mémoire de saint Antoine.

C'est Athanase qui introduisit à Rome la connaissance et la pratique de la vie monastique.

18. — Cet autre bouffon que mon prédécesseur Alaric fit empereur pendant quelques mois.

Orose, *l.* VI, *p.* 584, justifie l'épithète de bouffon que nous donnons à Attale par ces mots : « In hoc, Alaricus, imperatore facto, infecto, refecto, ac defecto... Mimum risit, et ludum spectavit imperii. »

19. — **Tu m'as fait venir de Narbonne où j'étais avocat...**

Léon était d'une famille des plus illustres de Narbonne, et arrière-petit-fils de Fronton, l'un des plus célèbres orateurs de son temps ; il était lui-même habile orateur, savant jurisconsulte et excellent poëte, et autant recommandable par sa probité et sa sagesse que par son éloquence et son érudition, etc.

Sidoine en parle longuement dans ses lettres et dans ses poésies.

(*Voir Sidoine*, *lib.* iv, *ep.* xxii ; *lib.* viii, *ep.* iii ; *lib.* ix, *ep.* xiii *et* xvi. *Carm.* xxiii, *vers.* 446, *et seq.; carm.* ix, *vers.* 315.)

20. — **Soit aux dangers d'une révolte, soit à ceux d'une disgrâce.**

Les jardins et les maisons de campagne, dans lesquels on cherchait à imiter l'élégance italienne, se convertirent bientôt en forteresses, où les habitants des environs se réfugiaient dans les moments de danger (*Gibbon*).

Une inscription (*Apud Sirmond.*, *not. ad Sidon. Apollinar.*, *p.* 59.) décrit un château, *cum muris et portis*, *tuitioni omnium*, construit par Dardanus dans ses terres près de Sisteron, dans la seconde Narbonnaise, et qu'il avait nommé Théopolis.

« Cl. Postumus Dardanus V. inl. et patriciæ dignitatis, ex consulari provinciæ Viennensis, ex magistro scrini lib. ex quæst. ex præf. præf. Gall. ; et Nevia Galla clar. et inl. fem. materfam. loco cit. nomen Theopoli est. Viarum usum, cæsis utrimque montium laterib., præstiterunt. Muros et portas dederunt. Quod in agro proprio constitutum tuitioni omnium voluerunt esse commune. Adnitente etiam V. inl. com. ac fratre memorati viri Cl. Lepido ex consulari Germaniæ primæ. ex mag. memoriæ. ex com. rerum privat. ut erga omnium salutem eorum studium et devotionis publ.::: Titulus poss.: : ostendi. »

(*Nota ad Sidonium*, 59.)

21. — Par des ligatures d'airain et de fer qui couvraient les lignes de jonction....

« Quorum frons exterior grandibus lapidibus constructa, qui crassi quatuor pedes erant, lato ferro aut ære inter se vincti. » (*Dio Cassius, Poliorcet.*, 145.)

22. — ... Ou dans les lieux d'un abord moins inaccessible.

« Ambitum muri directum veteres ducere noluerunt : sed sinuosis anfractibus jactis fundamentis clausere urbes, crebrioresque turres in ipsis angulis condiderunt. » (*Veget.*, lib. IV, p. 127.)

23. — ... Les autres de cuirs épais.

« Cavetur præterea ne portæ subjectis ignibus comburantur, propter quod sunt coriis ac ferro tegendæ. » (*Veget.*, lib. IV.)

24. — ... Si l'on parvenait à l'allumer.

« Super portam murus ut accipiat foramina, per quæ, de superiore parte effusa aqua, subjectum restinguat incendium. » (*Veget.*, lib. IV.)

25. — ... Résister à l'attaque des assiégeants....

« Ante portam additur propugnaculum in cujus ingressu ponitur cataracta quæ annulis ac funibus pendet; ut si hostes intraverint demissa eadem, extinguantur inclusi. »

26. — ... Étaient surmontées de parapets.

Le parapet n'est autre chose qu'un garde-poitrine : *tegmen pectoris; para pectus*, dont les Italiens ont fait *para petto*, et nous *parapet*.

27. — ... Et fit adopter aux prêtres l'usage des tiares.

Voici en quels termes Jornandes parle de ce Dicenée :

« Dehinc regnante in Gothis Boroista, Diceneus venit in Gothiam, quo tempore Romanorum Sylla potitus est principatu, quem Diceneum suscipiens Boroista, dedit ei pene regiam potestatem...

» ... Omni pene philosophia eos instruxit; erat enim hujus rei magister; nam ethicam eos erudivit, ut barbaricos mores ab eis compesceret : physicam tradens, naturaliter propriis legibus vivere fecit, quas usque nunc conscriptas, Bellagines nuncupant : logicam instruens, eos rationis supra cæteras gentes fecit expertes : practicen ostendens in bonis actibus conversari suasit : theoricen demonstrans signorum duodecim, et per ea planetarum cursus, omnemque astronomiam contemplari edocuit...

« Elegit namque, ex eis tunc nobilissimos, prudentiores viros, quos theologiam instruens, numina quædam et sacella venerari suasit fecitque : sacerdotes, nomen illis pileatorum contradens, ut reor, quia opertis capitibus tiaris, quos pileos alio nomine nuncupamus, litabant : reliquam vero gentem capillatos dicere jussit, quod nomen Gothi pro magno suscipientes, adhuc in suis cautionibus reminiscuntur... »

(*Jornandès*, p. 93; —*De Rebus Geticis.*)

28. — ... D'une chanson à laquelle chaque génération ajoutait un couplet.

(Voir la note 30.)

29. —

On a beaucoup disputé sur l'origine de l'architecture gothique. Maffeï, dans sa *Verona illustrata*, l'attribue à la corruption du goût italien. Nous n'avons pas la prétention d'entrer dans une discussion que les uns basent sur l'imitation de la nature, d'autres sur une pensée religieuse. Pour les uns, l'aspect des hautes forêts de sapins, dans le Nord, est le principe de l'architecture gothique, de ses piliers élancés; pour d'autres, l'apparition de la religion chrétienne a révolutionné l'architecture. En citant un passage de Priscus à l'appui de notre phrase, nous ne prétendons pas avoir tranché cette grande question; mais nous avons essayé d'émettre une hypothèse qui n'est pas impossible.

« Intra illa septa erant multa ædificia; partim ex tabulis sculptis, partim ex trabibus opere puro eleganter compactis et in rectitudinem affabrè dolatis et politis; et quæ erant interjecta, lignis ad tornura elaboratis extructa et composita. Circuli autem a solo in altum assurgebant certa proportione et mensura. »   (*Ex Prisci, rhetoris Gothica historia.*)

Du reste, nous avons un monument de l'architecture gothique qui date d'assez loin, pour restituer aux Goths la pensée de cette nouvelle architecture. C'est le modèle du palais de Théodoric représenté sur une monnaie ancienne.

30. — Falrik prépare les chants dont il doit égayer votre festin...

Jornandès comme on a pu le voir dans les derniers mots de la note 27, parle souvent des chansons des Visigoths, et de l'habitude qu'ils avaient de faire chanter durant les festins. Les chansons étaient à la fois leur histoire et leur généalogie. Toutes les fois que les écrivains de ces époques ont à parler d'événements dont ils n'ont pas été témoins, ils renvoient aux chansons où ils sont relatés, et ils invoquent le témoignage des chansons pour affirmer l'illustration des grandes familles. Sidoine, lorsqu'il vante les habitudes modestes de Théodoric, remarque qu'il n'avait pas comme ses sujets de chanteurs, etc.

« Nullus ibi lyristes, choraules, mesochorus, tympanistria, psaltria canit :

31. — ... D'où les Visigoths tiraient leur origine.

Ex hac igitur Scanzia insula, quasi officina gentium, aut certe velut vagina nationum, cum rege suo, nomine Berich, Gothi, quondam memorantur egressi : qui ut primum e navibus excuntes, terras attigere, ilico loco nomen dederunt; nam hodie illic, ut fertur, Gothiscanzia vocatur. »
(*Jornandes*, p. 83; — *De Rebus Geticis.*)

32. — ... Aux blanches volkiries qui enlevaient du combat les guerriers morts avec courage.

La religion d'Odin était encore celle des Goths quand Ulphile vint prêcher et traduire l'écriture sainte; car Fritigern, allié des Romains, devint le prosélyte d'Ulphile, tandis que le fougueux Athanaric rejetait l'alliance de l'empire et le joug de l'évangile. Celui-ci fit promener sur un chariot l'image de Thor et de Woden ou Odin dans toutes les rues du camp, et on brûla dans leurs tentes, et avec toutes leurs familles, ceux qui refusèrent d'adorer le dieu de leurs ancêtres.

53. — ... Décrétée par le troisième édit de l'empereur Auguste.

Les punitions militaires étaient nombreuses ; celle de monter la garde extraordinairement (*stare per totum diem ante prætorium*) est citée par Suétone ; du reste, Végèce en donne une liste exacte.

54. — ... En l'honneur du mariage de l'empereur Valentinien III.

Vers fescennins (*fescennii versus*). C'était une espèce de vers libres et grossiers qu'on chantait à Rome dans les fêtes et les divertissements, principalement dans les noces. Ce mot, selon Macrobe, est formé de *fascinum*, charme. Le peuple croyait que ces vers étaient propres à écarter les maléfices.

Pour donner un exemple de ces poésies, nous citerons quatre vers du poëte Claudien, dont nous avons parlé dans le texte :

Dices, ô quoties ! hoc mihi dulcius
Quàm flavos decies vincere Sarmatas.
. . . .
Tum victor madido prosilias toro
Nocturni referens vulnera prælii.

(CLAUD., poés. fisc. 112-120.)

55. — ... Ces caractères bizarres que Ulphile...

« Per Ulphilam episcopum suum arianum (qui litteras Gothicos primus invenit, et scripturas in eorum linguas divinas convertit) hujus perfidiæ culturam edocentes, omnem ubique linguæ hujus nationem ad culturam hujus sectæ invitavere. »

(*Jornandes, De Rebus Geticis, p.* 106.)

« Tunc Gulfilas eorum epicospus gothicas litteras adinvenit, et scripturas sacras in eamdem linguam convertit. »

(*Isidor., Chronicon Gothor.*, p. 167)

Il est à remarquer que Jornandès et Isidore donnent tous deux un nom différent à l'inventeur des lettres gothiques : l'un s'appelle Ulphile et l'autre Gulfile.

56. — *Je le reconnais au luxe de sa basterne fermée.*

La basterne était une espèce de voiture dont les dames romaines se servaient autrefois. Saumaise, sur le livre de Tertullien *De Pallio*, dit que la basterne avait succédé à la litière, et qu'elle en différait peu : que la litière était portée sur les épaules des esclaves, au lieu que la basterne l'était par des bêtes, tels que des mulets ou bidets, ou des mules.

Le dedans de cette voiture s'appelait *cavea*, c'est-à-dire cage. Elle était garnie de coussins fort mous qu'on appelait *lecti*, les lits de la basterne. Les deux côtés étaient ornés de glaces, qui se faisaient d'une espèce de pierre transparente, comme on l'apprend de Pline, liv. xxxv, ch. 22 ; et de Sénèque, dans son ép. xc, et dans son livre *de la Providence*.

Ce qu'on appelait *carrucæ* était un vrai carrosse ; nous en parlons dans le second volume.

57. — *... Fit imprudemment mouvoir ses bras immenses.*

« Aliquanti, *in castellorum, aut urbium turribus, appendunt trabes quibus, aliquando* erectis, *aliquando* depositis, *indicant quæ gerantur.* » (*Veg.*, lib. 3, n. 50.)

« Per *signa composita*, quasi *quibusdam litteris*, edocet intuentis aspectum, in illaque leguntur apices rerum, et non scribendo, facit quod scriptura declaravit. » (*Cassiodore Varior.*, p. 100.)

38. — ... Qui tenait à la main son arc enfermé dans un étui.

« Quem puerile computat gestare thecatum. » (*Sidoine*, liv. I, ép. III.)

39. — Alaric, cet illustre successeur de la maison des Baltes...

Le nom de Baltes vient de Bold (hardi). Jornandès donne la généalogie de cette famille en félicitant Alaric de lui appartenir.

Du reste, il résulte du système de Jornandès que les deux principales familles des Goths étaient celle des Amales et celle des Baltes. Tant que les Goths restèrent un peuple uni, les Amales régnèrent; mais lorsqu'ils se séparèrent en Ostrogoths et en Visigoths, les Ostrogoths furent gouvernés par la famille des Amales, et les Visigoths par la famille des Baltes.

Il est difficile de démêler le droit héréditaire que Jornandès semble établir en faveur des familles régnantes, du droit d'élection qu'avait gardé le peuple Visigoth. Toutefois, ce droit héréditaire était si puissant qu'un certain Borismond, de la famille des Amales, s'étant enfui de chez les Ostrogoths, soumis alors à la domination des Huns, et étant venu demander asile à Théodoric Ier, il crut devoir cacher son nom pour ne point alarmer le roi qui, le sachant d'une famille beaucoup plus ancienne et plus noble que la sienne, eût pu craindre de le voir préféré par le peuple. Il résulte de ceci que la naissance n'était pas un droit direct au trône, mais un droit assuré au choix du peuple.

Du reste, si nous avons établi cette rivalité en faveur d'un Balte, c'est que probablement cette famille n'avait pas été éteinte par le massacre d'Ataulphe et de ses six enfants, puisqu'on retrouve plus tard des Baltes dans l'histoire des Visigoths, et que la famille des seigneurs de Baux en Languedoc prétend tirer son origine de cette antique famille visigothe.

D'une autre part, la famille des Amales ainsi que les Ostrogoths semblaient avoir perdu tous ses droits véritables depuis qu'ils avaient combattu sous Attila contre leurs anciens frères les Visigoths.

Gibbon avait sans doute oublié ce qu'il avait écrit lui-même de la simultanéité du droit héréditaire et du droit d'élection, lorsqu'il dit qu'on viola, à propos des successeurs d'Ataulphe, le droit de succession. Car il s'exprime autrement et plus régulièrement, à notre sens, quand il dit, à propos d'Alavivus et de Fritigern : « L'autorité qu'ils devaient à leur naissance était sanctionnée par le libre consentement de la nation. »

40. — C'est qu'Ataulphe manqua à la destinée de notre nation, lorsqu'il avoua que, ne pouvant effacer le nom romain, il voulait en relever l'éclat.

Rien ne peut donner une idée plus juste du caractère et du système politique d'Ataulphe que sa conversation avec un des premiers citoyens de Narbonne, qui, dans un pèlerinage qu'il fit à la Terre-Sainte, la rapporta à saint Jérôme en présence de l'historien Orose à qui nous l'avons empruntée. « Encouragé par la valeur et la victoire, dit Ataulphe, j'ai conçu autrefois le projet de changer la face de l'univers, d'en effacer le nom des Romains, d'élever le royaume des Goths sur leurs ruines, et de devenir, comme Auguste, le fondateur d'un nouvel empire. Mais l'expérience m'a peu à peu convaincu qu'il faut des lois pour maintenir la constitution d'un état, et que le caractère indocile et féroce de Goths n'est point susceptible de se soumettre à la contrainte salutaire d'un gouvernement civil. Dès ce moment, je me suis fait un autre plan de gloire et d'ambition, et j'ai aujourd'hui le désir sincère de mériter la reconnaissance de la postérité en employant la valeur des Goths, non pas à renverser, mais à défendre l'empire romain et à maintenir sa prospérité.» (*Orose*, lib. VII, c. XLIII, p. 584, 585.)

41. — Comment Sigeric fit marcher sa mère Placidie à pied devant son cheval.

Sigeric, frère de Sarus, s'empara du trône d'Ataulphe et de son diadème. Il commença son règne par le meurtre inhumain de six enfants que son prédécesseur avait eus d'un premier mariage, et qu'il arracha sans pitié des mains d'un vénérable évêque. L'infortunée Placidie, au lieu de la respectueuse compassion qu'elle avait droit d'attendre, essuie des traitements barbares et ignominieux. La fille de l'empereur Théodore, confondue dans une foule de vils captifs, fut forcée de faire à pied un trajet de plus de douze milles, devant le cheval d'un barbare assassin de son mari qu'elle avait toujours tendrement aimé. (*Gibbon*.)

42. — C'est Wallia qui vous a donné pour capitale Toulouse, la Rome de la Garonne.

Ce nom de Rome de la Garonne se trouve dans une messe propre de saint Saturnin, publiée par le père Thomas; et ensuite par le père Mabillon.

43. — ... Et je la garderai comme royaume ou comme tombe.

« Hanc ego vel victor regno, vel morte tenebo victus humum. »

44. — ... Sur l'infâme Genseric, l'abominable supplice infligé à ma sœur; vous savez comment il lui fallut aller combattre l'ennemi que son bourreau lui suscita.

« Sed postea, ut erat ille et in sua pignora truculentus, ob suspicionem tantummodo veneni ab ea parati, eam, putatis naribus, spolians decore naturali, patri suo ad Gallias remiserat, ut turpe funus miseranda semper offerret, et crudelitas, quâ etiam moverentur externi, vindictam patris efficacius impetraret. » (*Jornandes*, *De rebus Geticis*, p. 117.)

45. — ... Rome égorgeait Maxime, et Genseric égorgeait Rome.

Quand on sut l'approche des Vandales, le peuple irrité égorgea Maxime. Genseric le vengea en livrant la ville au pillage durant quatorze jours et quatorze nuits. Ce sac de Rome fut le plus épouvantable, et n'eut d'égal que celui des Espagnols, lorsque le connétable de Bourbon leur livra la ville de Dieu.

Il existe un ouvrage assez curieux, ayant pour titre *de Sacco di Roma*, où il est prouvé que jamais la Rome impériale n'a eu à souffrir autant des barbares, que la Rome papale n'a eu à souffrir des soldats catholiques qui s'en emparèrent.

46. — ... De lui avoir enseigné les vers de Virgile, et de lui avoir fait oublier la barbarie de nos usages.

« .... *Mihi romula dudum*
Per te jura placent; parvumque ediscere jussit
Ad tua verba, docili quo prisca Maronis,
Carmine molliret scythicos mihi pagina mores. »
(Sidoine.)

47. — ... Tandis que ses yeux fermés laissaient descendre ses longs cils presque sur ses joues.

« Si vero cilia flectantur, ad malas medias palpebrarum margo prope pervenit. » (*Apoll.*, ep. II, l. I.)

48. — ... Et bien que Ricimer lui ait laissé le nom d'empereur, et n'ait pris que celui de père de l'empire.

Ce fut, à ce que dit Zozime, le grand Constantin qui érigea une nouvelle dignité de *Patrice*. Il attribua cette qualité à ses conseillers et les nommait *Patrices*, non parce qu'ils étaient descendus des anciens pères du sénat; mais parce qu'ils étaient comme les pères de la république ou du prince. Cette dignité de Patrice devint la première de l'empire; Justinien l'appelle *summam dignitatem*. Les Patrices, en effet, précédaient les consuls et prenaient séance au-dessus d'eux au sénat. Cette nouvelle dignité de Patrice ne s'accordait qu'à ceux qui avaient exercé les premières charges de l'empire, ou qui avaient été consuls. Pendant les troubles et la décadence de l'empire romain, ceux qui occupèrent l'Italie, n'osant prendre le titre d'empereurs, s'appelaient Patrices de Rome : cela fut très ordinaire jusqu'à Augustule et à la prise de Rome par Odoacre, roi des Hérules. Il y a eu aussi des Patrices dans les Gaules, et principalement en Bourgogne et en Languedoc. Les empereurs de Constantinople donnaient à leurs Patrices le gouvernement des provinces éloignées. Quand les Français passèrent dans les Gaules, ils y trouvèrent la dignité patricienne établie, et ils la conservèrent pendant quelque temps. Aëtius, qui combattit Attila, est appelé Patrice des Gaules.

Il y a eu sous les empereurs plusieurs sortes de Patrices : les uns qu'on nommait les pères de l'empereur et les tuteurs de l'empire. C'est de cette espèce qu'était le Patrice Ricimer.

49. — ... Et il ne portait de sa barbe que ce que nous appelons aujourd'hui des favoris et des moustaches.

« Barba concavis hirta temporibus, quam in subdita vultus parte surgentem stirpitus tonsor assiduus genas ad usque forcipibus evellit. » (*Appol.*, ep. II, l. I.)

50. —

Comme nous ne voulons pas donner en entier le code des lois visigothiques, tel qu'il fut rédigé par Léon, d'après les ordres et sous le règne d'Euric, nous ne mettrons sous les yeux de nos lecteurs que les dispositions de ces lois nécessaires pour justifier les faits et les opinions que nous avons avancés à propos du mariage des Visigoths.

Une des lois les plus sévères des Visigoths était celle qui défendait les alliances des personnes libres avec les esclaves. (*Mariage*, livre III, titre II.)

Les conditions de ceux qui se mariaient devaient être proportionnées, et la femme moins âgée que le mari. (*Mariage*, livre III, titre I, loi IV.)

Quand le mariage était conclu, soit par écrit ou en présence de témoins, et qu'on avait donné ou reçu des arrhes, qui consistaient en un anneau, il n'était plus permis de retirer sa parole. (*Mariage*, loi III.)

C'était le mari lui-même ou ses parents qui fixaient et payaient la dot, ou plutôt le douaire de la femme. Voici les règles que les Visigoths observaient là-dessus. Les nobles, savoir : les officiers du palais et de la couronne, de même que les principaux de la nation, riches de plus de dix mille sols d'or, ne pouvaient assigner pour dot de leur femme que le dixième de leurs biens, avec vingt esclaves, dix de chaque sexe, et une somme de mille sols d'or pour les meubles et les habits de noces. Les autres personnes libres, riches de moins de dix mille sols d'or, ne pouvaient donner que e dixième de leurs biens, tant pour la dot que pour les autres dépenses du mariage. (*Loi* v.)

Les lois des Visigoths punissaient sévèrement l'adultère dans l'un et l'autre sexe : quand c'était le mari qui était offensé, les deux coupables devenaient ses esclaves, et il avait la liberté de se venger sur eux comme il jugeait à propos. La femme qui commettait un adultère avec un homme marié devenait l'esclave de l'épouse de ce dernier.

Il était permis aux maris, aux pères et aux parents de tuer impunément leurs femmes, leurs filles et leurs parentes quand ils les surprenaient en adultère. (*Punition de l'adultère*, livre III, titre IV.)

Dans les procès, il était permis aux parties et aux femmes de plaider elles-mêmes leurs propres causes.

La jurisprudence des Visigoths fut encore en usage parmi ces peuples dans la Septimanie longtemps avant la destruction de leur royaume par les Sarrasins. Elle a été toujours en vigueur en Espagne ; car elle fait le fond principal des *fuers* ou coutumes de ce royaume, et nous pourrions même dire que l'insurrection carliste actuelle n'a pour principe que le maintien des libertés accordées au peuple par les lois visigothiques.

Les Visigoths, sujets d'Ataulphe, mirent des bornes à la prodigalité de l'amour conjugal. Un mari ne pouvait pas légalement faire des dons ou des constitutions au profit de sa femme dans la première année de son mariage, et sa libéralité ne pouvait, dans aucun temps, passer la dixième partie de sa fortune. Les Lombards furent un peu plus indulgents : ils permettaient le *morging cap* le lendemain de la consommation du mariage, et ce don, la récompense flatteuse de la virginité, pouvait être du quart de la fortune du mari. Quelques épousées prenaient à la vérité la précaution de stipuler la veille un présent qu'elles savaient ne pas mériter. (Voyez Montesquieu, *Esprit des Lois*, l. XIX, c. XXV ; *Muratori, delle Antichità Italiane*, II, 1, *dissertazion* XX, p. 243.)

51. — Ils marchaient au milieu d'un chœur de musiciens.

Nous devons le détail de cette fête nuptiale à l'historien Olympiadore. (*Ap. Photium*, p. 185-188.)

52. — C'est la seule royauté qu'on t'eût laissée de tout ton empire.

C'est Olympiadore, qui assigne à Attale, l'empereur détrôné, la charge de conduire le chœur des musiciens.

53. — ... Selon la coutume observée par les empereurs de Constantinople.

(Voyez note 66.)

54. — ... Et en pinçant du doigt la double corde de leur arc.

Selon Plutarque (*In Demetrio*, II, v., 24), c'était la coutume chez les Scythes, lorsqu'ils se livraient aux plaisirs de la table, de réveiller leur valeur martiale en faisant résonner la corde de leurs arcs.

55. — ... Il lui arrivait souvent de faire venir durant son banquet un bouffon.

(Voir la note 12.)

56. — Après avoir entendu la lyre des Romains et la barbare harmonie des Huns, je te dirai, durant le festin, les chansons qui conviennent à un si illustre mariage.

(Voir la note 50.)

57. — ... Et tu lui diras que cette litière n'enferme aucune marchandise sujette à l'impôt.

Le système de l'octroi était parfaitement organisé, et ressemblait étrangement à celui qui nous régit.

Les fermiers, ou les régisseurs du droit, tenaient aux entrées de chaque ville des bureaux.

» Habebant PUBLICANI stationarios, seu apparitores, seu, MILITES, dispositos certis portis, quorum MANU exigebant vectigalia. »

Le conducteur de la voiture était tenu de faire la déclaration.

« Illud sciendum est mercatores debere PROFITERI merces apud PUBLICANOS : id est, explicare mercium qualitatem, et pro eis vectigal solvere, id est octavam partem.

» Quod si, omissa *professione*, vectigalia non solverent, merces fisco committentur. »

(*Cujas, Observ. ad tit.* LXIII, au IVe liv.)

58. — ... Car, depuis le jour où j'ai reçu du prince Euric les arrhes...

(Voir la note 50.)

59. — ... Et les cloches appelaient la population au temple où la cérémonie allait s'accomplir.

L'usage des cloches est très-ancien. Les Romains les employaient pour assembler certains comices. Elles étaient même connues des Grecs; Ovide, Tibulle, Martial, Stace, Manilius et les auteurs grecs font mention des cloches. Cependant il paraîtrait qu'elles ne furent employées à appeler les populations au service divin que par le pape Sabinien, qui succéda à saint Grégoire, et qui vivait à la fin du sixième siècle. Nous serions donc en avant d'un siècle.

60. — Ils fabriquent les armes d'une manière admirable.

Il n'y avait dans la Gaule que huit fabriques ou officines d'armes : elles étaient distribuées en sept villes ; chacune de ces villes avait son attribution particulière.

Trèves seule avait deux fabriques.

Les Francs qui y travaillaient étaient appelés *fabricenses barbaricarii* ; c'est-à-dire ouvriers travaillant à la manière des Barbares.

Leur travail consistait à graver, dorer et argenter, bronzer, damasquiner les armes.

Donat, commentateur de Virgile, dit : « Barbaricarii dicuntur qui ex auro coloratis filis exprimunt hominum formas, animalium et aliarum specierum imitantur subtilitate veritatem. »

61. — ... Et assista aux offices ou nocturnes.

« Antelucanos sacerdotum suorum cœtus minimo comitatu expetit, grandi sedulitate veneratur : quanquam, si sermo secretus, possis animadvertere, quod servet istam pro consuetudine potiusquam pro religione reverentiam. »

(*Appol.*, ep. II, l. I.)

62. — ... Les Perses l'engageaient à faire une diversion en leur faveur, etc., etc.

Nous avons emprunté ces détails des audiences de Théodoric à Sidoine Apollinaire :

« Inter hæc, intromissis gentium legationibus, audit plurima ; pauco respondet. » (*Sidonius,* lib. i, ep. ii.)

Bien que ce poëte ne parle de ces nombreuses ambassades qu'à propos d'Euric, nous avons pensé pouvoir les attribuer à Théodoric, son prédécesseur, afin de montrer quelle était alors la puissance des rois visigoths.

63. — ... Furent condamnés au supplice qu'ils voulaient lui faire infliger.

Rustique parle, dans une lettre, d'un jugement qui avait été rendu dans une assemblée des notables du pays, composée d'évêques et de laïques qualifiés, contre deux prêtres de son église, nommés Sabinien et Léon, qui, ayant voulu pour la punition d'un adultère, avaient été trop loin. On y dit que ces deux ecclésiastiques se portèrent pour accusateurs dans les formes, sans avoir en main les preuves nécessaires pour convaincre les coupables, quoique le crime fût certain, ce qui les engageait à être condamnés eux-mêmes comme faux délateurs.

64. — Il les renvoyait à l'audience suivante, ou rendait son jugement sur-le-champ.

« Si quid tractabitur, differt ; si quid expedietur, accelerat. »
(*Sidon.,* lib. i, ep. ii.)

65. — ... Plusieurs femmes parurent, plaidant leur propre cause, ainsi que le permettait la loi visigothe.

(Voir la note 50.)

65. — ... Et de la conduire, pour ainsi dire, malgré sa résistance, dans la maison de son mari, et jusque dans la chambre nuptiale.

Cette coutume se retrouve chez tous les peuples de l'antiquité : chez les Grecs comme chez les Romains, chez les Gaulois comme chez les Germains.

Nos usages exigent avec moins de délicatesse le consentement formel de la mariée. (Voy. *Gibbon.*)

66. — ... Et l'une d'elles vint demander l'annulation de son mariage, attendu qu'elle était plus âgée que son mari.

(Voir la note 50.)

66. — .. Elle n'est pas nouvelle, dit Léon, et Eutrope...

C'est à Zozime (l. v, p. 299), que nous devons l'histoire de la substitution de la belle Eudoxie à la place de la fille du préfet Ruffin par l'eunuque Eutrope.

Tandis que le préfet Ruffin rassasiait à Antioche sa vengeance implacable, le grand chambellan Eutrope, à la tête des eunuques favoris, travaillait secrètement à détruire sa puissance dans le palais de Constantinople. Ils découvrirent qu'Arcadius n'avait point d'inclination pour la fille de Ruffin, et que ce n'était point de son aveu qu'elle lui était destinée pour épouse. Les eunuques substituèrent à sa place la belle Eudoxie, fille de Bauto, général des Francs au service de Rome, qui avait été élevée, depuis la mort de son père, dans la famille des fils de Promotus. Le jeune empereur, dont la chasteté était encore intacte, grâce aux soins vigilants d'Arsène, son gouverneur, écoutait avec l'émotion du désir les descriptions séduisantes des charmes d'Eudoxie; son portrait acheva de l'enflammer, et le faible Arcadius sentit la nécessité de cacher ses desseins amoureux à un ministre intéressé à les combattre. Sûr de tout après l'arrivée de Ruffin, la cérémonie du mariage de l'empereur fut annoncée au peuple de Constantinople, qui se prépara à célébrer par de vives et mensongères acclamations les noces de la fille de Ruffin. Une suite brillante d'eunuques et d'officiers sortit des portes du palais, portant à découvert le diadème, les robes et les ornements précieux destinés à l'impératrice. Les rues où cette procession devait passer étaient ornées de guirlandes et remplies de spectateurs; mais quand elle fut vis-à-vis de la maison des fils de Promotus, le premier eunuque y entra respectueusement, revêtit la belle Eudoxie de la robe nuptiale, et la conduisit en triomphe au palais et au lit d'Arcadius.

FIN DES NOTES DU PREMIER VOLUME.

TABLE DES MATIÈRES.

LIVRE PREMIER.

I. — Le Chêne royal.	5
II. — L'Esclave et le Domestique.	27
III. — Le Frère du Roi.	45
IV. — Les Précautions.	64
V. — Le premier Château.	81
VI. — Les deux Frères.	121

LIVRE DEUXIÈME.

I. — Euric.	157
II. — Firmin.	181

III. — Alidah. 201
IV. — Théodoric. 245
V. — La Nuit des noces. 275
VI. — La Confession. 301

PUBLICATIONS

DE LA LIBRAIRIE

D'AMB^se DUPONT,

7, RUE VIVIENNE.

PARIS, 1ᵉʳ DÉCEMBRE 1836.

Sous Presse.

ŒUVRES
de M. Frédéric Soulié.

RÉIMPRESSION DE :

LE MAGNÉTISEUR.................... 2 vol. in-8°.
LE COMTE DE TOULOUSE............. 2 vol. in-8°.
LE CONSEILLER D'ÉTAT.............. 2 vol. in-8°.

LES MÉMOIRES
DU

2 vol. in-8°. — Prix : 15 fr.

LE
COMTE DE FOIX.

2 vol. in-8°. — Prix : 15 fr.

ŒUVRES
de M. X.-B. Saintine.

LA DÉESSE.

2 vol. in-8°. — Prix : 15 fr.

LES SOIRÉES
DE JONATHAN,

2 vol. in-8°. — Prix : 15 fr.

JOSÉPHINE,
HISTOIRE CONTEMPORAINE.

2 vol. in-8°. — Prix : 15 fr.

ŒUVRES
de M. Jules Janin.

LE
Pauvre Diable.

2 vol. in-8°. — Prix : 15 fr.

RÉIMPRESSION DE :

L'ANE MORT

ou

LA FEMME GUILLOTINÉE.

1 vol. in-8°. — Prix : 7 fr. 50.

BARNAVE.

2 vol. in-8°. — Prix : 15 fr.

OEUVRES
de Michel Masson.

MARIE GEORGES

ou

LA FAMILLE.

1 vol. in-8°. — Prix : 15 fr.

EVA,

HISTOIRE SUÉDOISE.

2 vol in-8°. — Prix : 15 fr.

L'AMOUR DU BAL.

1 vol. in-8°. — Prix : 15 fr.

LE GANTIER
D'ORLÉANS,

HISTOIRE DU XVIᵉ SIÈCLE;

par **J. B. P. Lafitte.**

2 vol. in-8°. — Prix : 15 fr.

OR ET FER;

par M. Félix Pyat.

2 vol. in-8°. — Prix : 15 fr.

UN
NOUVEAU ROMAN,
DE
M. LE VICOMTE D'ARLINCOURT.

Deux volumes in-8°.

En vente.

LES QUATRE ÉPOQUES

1re LIVRAISON DES

ROMANS HISTORIQUES DU LANGUEDOC;

par Frédéric Soulié.

2e *édition*. — 2 vol. in-8°. — Prix : 15 fr.

SATHANIEL,

PAR

Frédéric Soulié,

2e LIVRAISON DES

ROMANS HISTORIQUES DU LANGUEDOC.

2 vol. in-8°. — Prix : 15 fr.

LE VICOMTE DE BÉZIERS,

par Frédéric Soulié.

2e ÉDITION. — 2 vol. in-8°. — Prix : 15 fr.

PICCIOLA.

par X.-B. Saintine.

Troisième Edition. — 1 vol. in-8°. — Prix : 7 fr. 50.

CHRISTOPHE
SAUVAL

ou

LES DEUX FAMILLES,

par M. Emile de Bonnechose.

2 vol. in-8°. — Prix : 15 fr.

UNE

FÉE DE SALON,

par Arnould Frémy.

2e ÉDITION = 2 vol. in-8°. — Prix : 15 fr.

CHARLES DE NAVARRE
ET LE CLERC DE CATALOGNE;
par M. Mortonval.

Troisième Édition. — 2 vol in-8°. — 15 fr.

Une Couronne
D'ÉPINES;
Par Michel Masson.

Quatrième Édition. — 2 vol. in-8°. — Prix : 15 fr.

THADÉUS
LE RESSUSCITÉ;
PAR MICHEL MASSON ET AUGUSTE LUCHET.

4e édition ; 2 vol. in-8°. — 15 fr.

LE CHEMIN
DE
TRAVERSE;
Par Jules Janin.

Cinquième Édition. — 2 vol. in-8°. — Prix : 15 fr.

DOUBLE

CHRONIQUE DU XIII° SIÈCLE;

PAR

M. LE Vte D'ARLNCOURT.

3e édition; 2 vol. in-8°. — Prix : 15 fr.

LE
BRASSEUR-ROI,

CHRONIQUE FLAMANDE DU XIV° SIÈCLE;

Par M. le Vicomte d'Arlincourt.

4e édition; 2 vol. in-8°, vignettes de Jules David, gravées par Lacoste frères. — Prix : 15 fr.

5e édition, 4 vol. in-12. — Prix : 10 fr.

ÉTUDES POLITIQUES

ET

HISTORIQUES;

Par l'auteur de la REVUE POLITIQUE DE L'EUROPE EN 1825, des NOUVELLES PROVINCIALES, etc., etc.;

1 beau vol. in-8°. — Prix : 8 fr.

UN SECRET

D'ÉTAT?

par Mortonval.

2e ÉDITION. — 1 vol. in-8°. — Prix · 7 fr. 50.

POÈME;

PAR

M. Edgar Quinet.

2e édition; 1 volume in-8°. — Prix : 8 francs.

LE CANDIDAT,

ROMAN DE MŒURS IRLANDAISES,

Traduit de l'anglais de BANIM ;

Par la Baronne de LOS VALLÈS.

2 vol. in-8°. — Prix : 15 fr.

ALEXIS PÉTROWITCH,

Par MM. Arnould et Fournier,

AUTEURS DE STRUENSÉE.

5ᵉ édition ; 2 vol. in-8°. — 15 fr.

STRUENSÉE,

HISTOIRE DANOISE DE 1769 ;

PAR N. FOURNIER ET AUGUSTE ARNOULD.

4ᵉ ÉDITION ;

2 vol. in-8°, ornés de vignettes de JULES DAVID. — Prix : 15 fr.

— 12 —

MÉMOIRES
DE FLEURY

DE LA COMÉDIE FRANÇAISE.

Tomes 1er, 2e, 3e et 4e. — Prix de chaque volume : 7 fr. 50 c

UNE MAITRESSE
DE
LOUIS XIII

PAR M. X.-B. SAINTINE.

3e édition, 2 vol. in-8°, papier fin satiné. — Prix : 10 fr.

LE

Par X.-B. Saintine.

4e édition; 1 vol. in-8°, orné d'une vignette de Tony Johannot.
Prix : 5 fr.

MARIE DE MÉDICIS;

PAR LOTTIN DE LAVAL.

2 vol. in-8°, avec vignettes de Jules David. — 15 fr.

Robert LE MAGNIFIQUE;

PAR LOTTIN DE LAVAL.

3ᵉ édition; 2 vol. in-8°. — Prix : 15 fr.

SOUS LES VERROUS;

PAR HIPPOLYTE RAYNAL,
Auteur de *Malheur et Poésie*.

1 vol. in-8°. — Prix : 7 fr. 50 c.

MADEMOISELLE DE MONTPENSIER;

par M. Théod. Muret.

2ᵉ ÉDITION;

2 vol. in-8°. — Prix : 15 fr.

Le Chevalier DE SAINT-PONS,

HISTOIRE DE 1784;

par M. Théodore Muret.

2ᵉ édition ; 2 vol. in-8°, ornés de gravures de FAUCHERY, d'après les dessins de JULES DAVID. — Prix : 15 fr.

GEORGES,

OU

UN ENTRE MILLE;

par M. Théodore Muret.

2ᵉ édition ; 1 vol. in-8°. — 7 fr. 50 c.

LA GRANDE PRIEURÉ DE MALTE

(1565);

PAR M. DE LA MADELAINE,
Auteur du *Justicier du Roi*.

2ᵉ édition; 2 vol. in-8°. — Prix : 15 fr.

LES GUÉRILLAS;

PAR

M. LE COMTE DE LOCMARIA.

2 vol. in-8°. — Prix : 15 fr.

Christ et Peuple

PAR M. AUGUSTE SIGUIER.

1 vol. in-8°, papier fin satiné. — Prix : 7 fr. 50 c.

AVENTURES D'UN MARIN

DE LA GARDE IMPÉRIALE,

Prisonnier de guerre en Russie;

PAR M. HENRI DUCOR.

2ᵉ édition; 2 volumes in-8°, 4 vignettes. — Prix : 15 fr.

MON AMI
NORBERT,

Histoire Contemporaine;

PAR M. MORTONVAL,

Auteur du *Comte de Villamayor*, de *Fray Eugenio*, de *don Martin Gil*, du *Capucin du Marais*, etc., etc.

2ᵉ ÉDITION; 3 VOL. IN-12. — 8 FR.

Le Vagabond;

PAR M. MERVILLE.

4 vol. in-12; 2ᵉ édition. — Prix : 8 fr.

LE BARON
DE L'EMPIRE,

PAR M. MERVILLE.

5 vol. in-12; 2ᵉ édition. — Prix : 15 fr.

PARIS. — IMPRIMERIE D'A. ÉVERAT ET Cᵉ, RUE DU CADRAN, 16.

Publications Récentes.

LES
QUATRE ÉPOQUES
par Frédéric Soulié.

DEUXIÈME ÉDITION.

2 vol. in-8°. — Prix : 15 fr.

PICCIOLA,
par X.-B. Saintine.

Troisième Édition. — 1 vol. in-8°. — Prix : 7 fr. 50 cent.

CHARLES
DE NAVARRE,
par Mortonval.

Troisième Édition. — 2 vol. in-8°. — Prix : 15 fr.

UNE
FÉE DE SALON,
par Arnould Fremy.

Deuxième Édition. — 2 vol. in-8°. — Prix : 15 fr.

Imprimerie d'ADOLPHE ÉVERAT et Cⁱᵉ, rue du Cadran, 16.

www.ingramcontent.com/pod-product-compliance
Lightning Source LLC
Chambersburg PA
CBHW060052190426
43201CB00034B/707